LA ROUE DE LA MANIFESTATION

Catalogage avant publication de Bibliothèque et Archives nationales du Québec et Bibliothèque et Archives Canada

Seale, Alan

La roue de la manifestation : une méthode pratique pour matérialiser vos idées, vos rêves et vos projets

Traduction de: The manifestation wheel.

ISBN 978-2-89436-241-9

1. Projet d'entreprise. 2. Gestion de projets. 3. Succès dans les affaires. 4. Actualisation de soi. I. Titre.

HD30.28.S3614 2009 658.4'01 C2009-942007-4

Nous reconnaissons l'aide financière du gouvernement du Canada par l'entremise du Programme d'aide au développement de l'industrie de l'édition (PADIÉ) pour nos activités d'édition.

Nous remercions la Société de développement des entreprises culturelles du Québec (SODEC) pour son appui à notre programme de publication.

Infographie : Marjorie Patry
Mise en pages : Marjorie Patry
Correction d'épreuves : Amélie Lapierre

Éditeur : Les Éditions Le Dauphin Blanc inc.
6655, boulevard Pierre-Bertrand, local 133
Québec (Québec) G2K 1M1 CANADA
Tél. : 418 845-4045 Téléc. : 418 845-1933
Courriel : dauphin@mediom.qc.ca
Site Web : www.dauphinblanc.com

ISBN : 978-2-89436-241-9

Dépôt légal : 4e trimestre 2009
Bibliothèque nationale du Québec
Bibliothèque nationale du Canada

Imprimé au Canada

Limite de responsabilité

L'auteur et l'éditeur ne revendiquent ni ne garantissent l'exactitude, le caractère applicable et approprié ou l'exhaustivité du contenu de ce programme. Ils déclinent toute responsabilité, expresse ou implicite, quelle qu'elle soit.

APPRÉCIATIONS DE *LA ROUE DE LA MANIFESTATION*

« À notre époque, chacun doit apprendre à revendiquer le pouvoir qui lui revient et à participer au façonnement de sa vie et de notre monde pour le perfectionnement de tous. Dans cet excellent ouvrage, Alan Seale offre un outil accessible, pénétrant et puissant pour accomplir précisément cela. Je vous le recommande. »

David Spangler, auteur de *The Laws of Manifestation*

« L'approche d'Alan Seale nous permet d'obtenir des résultats supérieurs sur les plans personnel et professionnel et ce, avec moins de stress et d'effort. Enfin, un guide pratique qui transforme le concept de la manifestation en réalité. Vous qui doutez, c'est le vrai de vrai. »

Paul Sherman, P.D.G., Team Coaching International

« Un voyage fascinant à travers les corridors interconnectés de la créativité humaine. »

John Renesh, auteur de *Gettint to the Better Future*

« *La Roue de la Manifestation* d'Alan Seale offre un processus complet pour s'attaquer à tout projet digne d'intérêt, fut-il personnel ou organisationnel. Il peut faire la différence entre l'engagement et l'acquiescement dans un projet. »

Michael Wakefield, associé majoritaire
Center for Creative Leadership

« Puissant et pénétrant! Alan Seale allie la sagesse spirituelle au savoir scientifique pour offrir un guide pratique sur la façon de manifester nos ambitions supérieures. Quiconque désire sérieusement apporter une contribution positive à la société doit absolument lire ce livre. »

Philip Hellmich, codirecteur de Individual Giving,
Search for Common Ground

« Quiconque abordera *La Roue de la Manifestation* l'esprit ouvert en retirera de grands bienfaits. La Roue s'est avérée un outil précieux autant dans mes entreprises artistiques que dans le côté affaires de ce que je fais. Il ne fait aucun doute que tout est possible grâce à cette nouvelle et fantastique méthode! »

Daniel Karslake, directeur/réalisateur du documentaire primé
For the Bible Tells Me So

« Avoir une idée, une vision, une perspective est une chose. Les matérialiser dans le monde en est une autre. Alan Seale nous fait passer de la perspective naissante à la réalité manifeste. Il crée une voie aussi agréable qu'accueillante pour nous — une voie riche en miracles mais libre de tout mystère. »

Mel Toomey, érudit en résidence, titulaire d'une maîtrise
en leadership organisationnel au Graduate Institute

« Je veux vivre ma vie en exploitant pleinement mon potentiel tout en restant en contact profond avec mon essence spirituelle. Le présent ouvrage m'a servi de boussole dans la réalisation de mes rêves les plus fabuleux. Point par point, Alan révèle avec assurance la façon de manifester mes talents innés et de créer une relation aussi forte qu'intime avec moi-même et le monde qui m'entoure. J'ai appris que le fait de créer à l'aide de la sagesse s'avère plus profond et puissant que tout ce que j'aurais pu imaginer par moi-même. »

Tine Gaihede, directeur,
Séminaires Européens de Leadership

ALAN SEALE

LA ROUE DE LA MANIFESTATION

Une méthode pratique pour matérialiser vos idées, vos rêves et vos projets

Traduit de l'anglais par
Denis Bernier

Le Dauphin Blanc

Aux grands maîtres du passé,
aux visionnaires du présent,
aux leaders et aux gardiens de la sagesse du futur.

Sommaire

Remerciements 11

Introduction 13

Chapitre 1

Comment s'opère la manifestation 17

Chapitre 2

Une vue d'ensemble de la Roue de la Manifestation 29

Chapitre 3

Maison n° 1: Intention 43

Chapitre 4

Maison n° 2: Paix 65

Chapitre 5

Maison n° 3: Énergie 81

Chapitre 6

Maison n° 4: Inspiration 99

Chapitre 7

Maison n° 5: Renforcement 111

Chapitre 8
Maison n° 6: Action 125

Chapitre 9
Maison n° 7: Lâcher-prise 137

Chapitre 10
Maison n° 8: Héritage 149

Chapitre 11
La Roue de la Manifestation dans votre vie personnelle 157

Chapitre 12
La Roue de la Manifestation dans votre entreprise
ou organisation 167

Conclusion
La Manifestation comme mode de vie 187

Bibliographie 191

Remerciements

Je me dois de remercier ici de nombreuses personnes pour leur soutien alors que j'écrivais ce livre. Je voudrais d'abord exprimer ma gratitude à tous ceux qui nous ont précédés — nos ancêtres appartenant aux anciennes cultures qui comprenaient l'énergie et la façon dont elle agit. Leur sagesse et leurs enseignements se sont avérés intemporels. Plus nous comprendrons la profondeur de cette sagesse et la laisserons imprégner nos processus de manifestation, plus grandes seront nos chances de créer un monde où nous pourrons nous servir et nous honorer mutuellement tout en réalisant notre potentiel optimal en tant que famille humaine.

Merci à Thom Blincoe, Able Rae, Brian Tegnander, Harbhajan Singh (Stephen Jen), David Robinson et à mon père, James Seale, qui a relu le manuscrit aux différentes étapes de sa rédaction; vous m'avez tous offert des commentaires très utiles.

Merci à Michael Wakefield du *Center for Creative Leadership* et à Tine Gaihede, directeur des *Séminaires Européens de Leadership*, pour vos précieux commentaires sur le canevas organisationnel de ce livre.

Merci à mon bon ami Daniel Karslake, réalisateur de documentaires, qui incarne un modèle constant de ces principes à l'œuvre, et à Murad Padamsee pour ces conversations stimulantes qui ont favorisé une compréhension plus profonde de la façon dont opère l'énergie.

Merci également à mes clients et à tous ceux qui ont participé à la *Soul Mission – Life Vision* et aux ateliers de manifestation. Le travail que nous avons accompli ensemble m'a aidé à comprendre davantage le pouvoir et la splendeur de cette Roue. Plusieurs d'entre vous ont utilisé ces concepts pour manifester des dons fabuleux pour leur communauté et le monde. Merci pour tout ce que vous faites.

Mille mercis à mon éditeur, Jan Johnson, qui a toujours cru en mon travail, ainsi qu'à l'équipe entière de *Red Wheel/Weiser* pour son appui inconditionnel à chaque étape du processus.

Aucun remerciement ne saurait exprimer toute ma gratitude envers mon cher ami et collègue Devin Wilson, qui m'a accompagné au cours de ce cheminement continuel. Merci à Johnathon Pape, mon partenaire, pour son amour, son appui et ses encouragements indéfectibles, sans oublier les longues heures passées à éditer non seulement ce livre mais tous mes projets. Ensemble, nous avons manifesté une vie des plus merveilleuses.

Merci enfin à vous qui me lisez. Merci de prendre le temps d'apprendre les principes de la manifestation et d'être prêts à demander : « Qu'est-ce qui voudrait se produire? » Un potentiel formidable attend de se manifester dans notre monde. Étape par étape, personne par personne, organisation par organisation, projet par projet, nous pouvons réaliser ce potentiel et manifester une nouvelle façon d'être et de vivre en ce monde.

Introduction

Le mot manifestation est le plus souvent associé aux phénomènes et croyances mystiques ou magiques. Il signifie littéralement « rendre évident, révéler, donner forme ou démontrer quelque chose ». Dans la pratique, manifester quelque chose signifie en faire une réalité — transformer une idée ou une pensée en un événement, un happening, un résultat ou une chose.

La plupart des gens voient la manifestation comme un processus mystérieux où, contre toute attente, les choses s'arrangent et, d'une façon ou d'une autre, un résultat survient sans que personne ne sache comment. En vérité toutefois, la manifestation est le fruit naturel — voire prévisible — de vos pensées, croyances, décisions et actions. Plus celles-ci s'harmonisent et s'alignent entre elles, plus précise en sera la manifestation physique. Plus elles seront discordantes et incohérentes, plus confuse ou chaotique en sera la manifestation physique qui en résultera.

Chaque instant, nous manifestons tous notre vie. Presque tout ce qui nous arrive ou survient autour de nous résulte, directement ou indirectement, de nos pensées, choix et actions, et de ceux des personnes qui nous entourent et des leaders politiques et professionnels. Individuellement et collectivement, nous sommes les cocréateurs de notre réalité. Les traditions de sagesse ancestrale ont enseigné ce concept au fil de centaines — sinon de milliers — d'années. Aujourd'hui, certains aspects de la théorie quantique et de la recherche scientifique viennent confirmer ces croyances.

Ces dernières années ont amené la convergence dynamique de la science et de la conscience. Un des fruits de cette convergence est la compréhension de ce qui rend possibles les miracles, de la façon d'encourager les synchronicités et de manifester ce que nous désirons. Le présent ouvrage vous offre la Roue de la Manifestation comme instrument aussi puissant que pratique et accessible, qui vous aidera à transformer cette compréhension en action.

La Roue de la Manifestation vous incite à une plus grande prise de conscience de votre propre vie et de celles de votre entourage, de votre monde et de ce qui s'avère possible. Dans ce livre, vous apprendrez comment utiliser ce puissant outil pour dépasser vos désirs personnels et accéder au domaine de « ce qui voudrait se produire » — le domaine de votre plein potentiel et du plein potentiel de chaque instant ou situation. Vous apprendrez aussi à faire appel à votre intuition pour chercher conseil dans le futur. Et vous apprendrez à faire équipe avec l'énergie pour cocréer le meilleur résultat pour vos rêves, objectifs et projets.

Ce livre vous offre une méthode aussi précise que pratique pour harmoniser et aligner vos pensées, vos croyances et vos actions sur vos désirs. Vous apprendrez la différence entre aligner les « choses » dans un effort de produire quelque chose et aligner l'« énergie » pour que quelque chose *puisse* se produire. Cet alignement énergétique crée les conditions optimales pour qu'il y ait synchronicité, pour que se produise la synergie et que s'accroisse le dynamisme afin que le résultat voulu — ou quelque chose de mieux encore — puisse se produire.

Lors d'une première lecture, je vous suggère de lire les chapitres dans l'ordre où ils apparaissent dans ce livre. Chaque chapitre vous donne l'information et les mesures requises pour vous préparer à la prochaine étape de votre cheminement dans la manifestation. Lire les chapitres dans l'ordre vous aidera à apprendre la voie de la Roue de la Manifestation et à maîtriser cette méthode de cocréation et de manifestation. Une fois que vous aurez réalisé plusieurs projets grâce à la roue, vous commencerez à intérioriser le processus de la manifestation et vous pourrez alors vous concentrer sur les chapitres qui se rapportent à des projets spécifiques.

Vous voudrez peut-être tenir un journal de manifestation. Noter dans votre journal chaque étape du cheminement peut vous aider à approfondir certaines questions posées et à méditer davantage sur ce qui s'éveille dans votre prise de conscience. Prenez le temps de résumer votre expérience dans chaque exercice, puis dans chaque maison, avant de passer à l'étape suivante. Ceci vous aidera à intérioriser les énergies fondamentales de chaque maison afin que vous appreniez de façon plus profonde cette méthode de l'énergie. Intérioriser les concepts de la Roue mène à la maîtrise de la manifestation.

La Roue de la Manifestation est une technologie – une méthode et un outil –, non une fin en soi. Elle vous aidera à réaliser vos rêves, à manifester vos visions, à accomplir vos objectifs et à obtenir des succès incroyables. C'est une carte routière, pas une destination. Au fur et à mesure que vous maîtriserez cet outil, le *concept* de chaque maison ou étape deviendra plus important que les questions ou les exercices individuels à l'intérieur de cette maison. En apprenant à connaître cette Roue, vous développerez une compréhension de chaque maison et vous en reconnaîtrez l'énergie. Vous en viendrez à connaître intuitivement ce que chaque maison demande et comment elle vous guide. Laissez votre intuition et le potentiel de votre projet vous guider et la Roue vous sera très utile.

Prenez votre temps pour parcourir ce livre. Vous voudrez peut-être d'abord le lire d'un bout à l'autre pour vous familiariser avec la Roue de la Manifestation, pour ensuite revenir à la première maison et placer un projet sur la roue. Vous préférerez peut-être prendre chaque étape comme elle vient, apprenant à connaître la roue en l'utilisant au fur et à mesure. Peu importe l'approche que vous adopterez, faites-le en gardant le cœur et l'esprit ouverts. Dans un exercice, si je vous demande de faire quelque chose et que vous ne pensez pas savoir comment, demandez-vous : « Et si je le savais? » Soyez prêt à suspendre votre jugement et à essayer. Je vous promets que si vous tirez vraiment parti de la roue, vous manifesterez le potentiel optimal de ce que vous aurez choisi.

Chapitre 1

COMMENT S'OPÈRE LA MANIFESTATION

« Si on ne s'évertuait pas à se dissocier de la vie, on pourrait vraiment vivre au jour le jour, une minute à la fois, comme si la vie était une suite de miracles prévisibles. »

Peter Senge, dans son introduction au livre *Synchronicity : The Inner Path of Leadership* de Joseph Jaworkski

La manifestation est un processus de transformation et d'alignement de l'énergie en vue de résultats aussi dynamiques que durables. Elle survient lorsque le but, le potentiel, l'intention, la croyance et l'action sont parfaitement alignés. Pareil alignement engendre un processus de cocréation avec l'énergie et le potentiel disponibles à travers la Grande Conscience.

La Conscience incarne la source invisible et inexpliquée à ce jour de l'entière Création. C'est la force créatrice et nourricière de tout ce qui est visible et invisible, connu et inconnu; c'est aussi le réseau d'énergie qui relie tout ensemble. Pure énergie, c'est la colle qui assure la cohésion de tout ce qui existe dans les mondes visibles et invisibles. Chacun lui donne un nom selon ce qu'il croit : Dieu, l'Esprit ou le Grand Mystère. Je l'appellerai simplement ici « Conscience » avec une majuscule pour ne pas confondre avec la conscience d'une personne ou d'un groupe. La conscience collective de la société ou la conscience individuelle d'une personne diffère de la Conscience, force créatrice et nourricière de l'Univers.

Dans notre culture, lorsqu'on a un projet ou un but en tête, la première question qui nous vient à l'esprit est : comment vais-je procéder? Vous commencez à chercher à comprendre ce qu'il faut faire, à qui vous devez parler et ce qu'il vous faut pour le matérialiser. À partir de votre situation actuelle, vous faites appel à vos compétences, à votre connaissance intellectuelle et à votre compréhension de la vie pour accomplir votre but ou terminer votre projet.

L'art de la manifestation, par contre, fait appel au mental intuitif — lequel inclut l'intellect et le mécanisme de pensée rationnelle —, mais il couvre également le monde invisible de l'énergie et des possibilités. Il transcende le temps et l'espace linéaires, élargissant grandement le champ de votre conscience et ouvrant la porte à tout un nouveau monde d'information. Dans le processus de la manifestation, bien que vous deviez prendre certaines mesures et considérer certains faits pour obtenir le résultat voulu, vous faites appel à une compréhension aussi intuitive qu'intellectuelle de l'énergie et du potentiel qui vous guide vers chaque étape consécutive. Vos actions découlent d'un sentiment de « savoir » et de volonté de laisser l'avenir vous montrer le chemin plutôt que d'être prisonnier d'un plan intellectuel qui vous mènerait là où vous désirez être. Le processus de manifestation s'avère très organique, mais pas toujours méthodique. Vous savez intuitivement ce qui doit se produire ensuite.

La manifestation opère de concert avec l'énergie pour créer plutôt que de chercher à transformer une forme en une autre. Elle n'« arrange » pas les choses et ne résout pas les problèmes. Elle donne naissance à une tout autre réalité ou situation, où le problème n'existe plus ou est sans importance. C'est un processus cocréatif de potentiel en épanouissement. Le potentiel est ce qui désire se produire. Vous vous y associez en créant les conditions optimales pour son épanouissement.

Avez-vous déjà fait tout ce qu'il fallait pour qu'un projet se réalise sans pour autant obtenir le résultat voulu? Avez-vous aussi désiré qu'un projet se réalise et l'avez-vous vu se réaliser sans avoir pris toutes les mesures que vous jugiez nécessaires? Pourquoi avez-vous réussi dans un cas, mais pas dans l'autre? À cause de l'alignement de l'énergie. La manifestation intentionnelle aligne vos pensées, croyances, émotions, décisions et actions — qui sont toutes des formes d'énergie — sur ce que vous désirez ou sur un potentiel qui désire s'épanouir. Cet alignement établit une fréquence vibratoire qui attire les circonstances ou conditions requises pour que le potentiel devienne réalité. Vous pouvez prendre toutes les bonnes mesures et tenir compte des conseils de toutes les bonnes personnes, mais si vos pensées, croyances, émotions, décisions et actions ne sont pas parfaitement alignées l'une sur l'autre et sur ce que vous désirez, vous n'obtiendrez peut-être pas le résultat voulu, du moins pas pleinement.

La physique quantique

La physique quantique nous dit qu'au niveau le plus fondamental, tout — objets, organisations, situations, pensées et personnes, entre autres — est énergie vibratoire. Or, ne pouvant être ni créée ni détruite, cette énergie peut seulement être transformée. Le champ quantique est constitué d'énergie qui est pur potentiel. C'est un réseau dynamique, invisible, de schémas inséparables d'énergie vibratoire qui englobe l'Univers entier. L'entière Création naît de ces schémas d'énergie et, à travers cet invisible réseau, chaque élément de la Création est relié à tout le reste.

Au niveau quantique, cette énergie ne possède pas de forme fixe. Pur potentiel, elle peut emprunter n'importe quelle forme. Il s'ensuit que le champ quantique est un champ énergétique de potentiel et de possibilités. Les physiciens, philosophes et maîtres spirituels d'avant-garde reconnaissent désormais que le champ quantique pourrait être relié à la Conscience. En fait, la Conscience pourrait être le réseau qui relie tout au sein du champ quantique. Certains physiciens admettent qu'il semble exister une intelligence inexplicable opérant à l'intérieur du champ quantique — une intelligence qui nous fait avancer dans un processus évolutif. Au cours d'une conférence qu'il donnait en 1944, le physicien et lauréat du prix Nobel Max Planck disait :

« Ayant consacré ma vie entière à la science la plus rationnelle, à l'étude de la matière, je peux vous dire ceci à la suite de mes recherches sur l'atome : il n'y a pas de matière à proprement parler! Toute matière tire son origine et n'existe qu'en vertu d'une force qui fait vibrer les particules atomiques et maintient ensemble le système solaire infinitésimal de l'atome... Derrière cette force, nous devons supposer l'existence d'un Mental aussi conscient qu'intelligent, qui serait la matrice de toute la matière. »[1]

C'est ce « Mental aussi conscient qu'intelligent » que j'appelle Conscience. De même, Albert Einstein disait un jour : « Tous ceux qui s'impliquent sérieusement dans la quête de la science sont convaincus qu'un esprit se manifeste dans les lois de l'Univers — un esprit infiniment supérieur à l'homme. » J'appelle également cet « esprit » Conscience. Le lien entre cette Conscience, ou « Mental intelligent », et le champ quantique peut nous aider à comprendre comment fonctionnent certains outils et techniques des anciennes traditions.

Les outils et les techniques des traditions d'antan constituaient en fait leur technologie. Nous sommes portés à penser que la technologie s'applique aux machines et à l'industrie. Or, les sages des traditions ancestrales avaient maîtrisé l'emploi de la technologie de l'énergie. La théorie quantique nous révèle maintenant la science qui se cache à l'arrière-plan de ces anciennes traditions. Au fur et à mesure que nous perfectionnons notre utilisation de la technologie de l'énergie, nous découvrons à quel point ces anciennes cultures étaient évoluées.

Examinons plus en profondeur l'énergie et la façon dont elle opère au niveau quantique. À son niveau le plus fondamental, tout est composé de paquets d'énergie vibratoire. Ces derniers forment parfois des objets ou des idées spécifiques (des particules, en terminologie quantique) occupant un temps et un espace spécifiques. En d'autres mots, les paquets d'énergie peuvent s'organiser de façon à former une

---

1. Extrait d'une allocution prononcée par Max Planck à Florence (Italie) en 1944, intitulée: « Das Wesen der Materie ». Source: Archiv zur Geschichtge des Max-Planck-Gesellschaft, Abt. Va, Rep. 11 Planck. Nr. 1797. Cité dans le livre *The Divine Matrix* de Gregg Braden (Carlsbad: Hay House, 2007) p. 216.

chaise, une personne ou un concept. L'énergie revêt une forme spécifique que nous pouvons saisir physiquement ou intellectuellement. Parfois encore, ces paquets d'énergie se comportent comme des vagues d'énergie vibrant dans un espace et un temps plus grands et n'empruntant aucune forme spécifique. Ces vagues sont pur potentiel — c'est-à-dire de l'énergie qui n'a pas encore pris une forme spécifique, mais qui demeure à même de revêtir n'importe quelle forme. Qu'est-ce qui fait passer l'énergie de potentiel à la forme? La réponse est : votre choix.

Songez que les possibilités dans la vie sont aussi aléatoires qu'illimitées — pure potentialité — jusqu'à ce que vous en choisissiez une. Votre choix peut être conscient ou inconscient, selon votre niveau d'éveil. Lorsqu'on atteint un haut niveau de conscience, on se montre très attentif aux pensées et croyances qu'on « énergise » ou non. À un niveau inférieur de conscience, les pensées prennent vie d'elles-mêmes. Lorsqu'on discipline peu ou pas la pensée, il y a peu de placc pour quelque contrôle de choix. Toute pensée sur laquelle on se concentre et qu'on « énergise » devient notre choix. On peut penser choisir une chose alors qu'en fait, si on focalise notre pensée et notre énergie sur autre chose, cela finira par devenir notre choix.

Quand on fait un choix, on « énergise » une pensée spécifique. Ce choix ordonne au potentiel de prendre forme, amorçant ainsi le processus qui consiste à transformer une idée en réalité. À titre d'exemple, supposons que vous vouliez construire une maison. Dans le domaine du potentiel, il existe un nombre infini de modèles possibles que vous pouvez choisir ou créer pour votre nouvelle maison. Avant que vous ne fassiez un choix, n'importe lequel de ce nombre infini de modèles s'avère théoriquement possible. Toutefois, dès que vous arrêtez votre choix et commencez à construire, le potentiel commence à prendre forme. Un modèle et une structure spécifiques prennent maintenant forme.

Vous avez sans doute déjà entendu le dicton suivant : *Faites attention à ce que vous souhaitez, vous pourriez l'obtenir.* C'est une autre façon de dire que ce à quoi vous pensez finit par se produire, car vous lui donnez de l'énergie. À travers votre pensée concentrée, vous commencez à manifester un résultat. Les athlètes constituent un bel exemple de la façon dont la pensée peut produire des résultats. On ne compte plus les histoires d'athlètes qui ont remporté la médaille d'or après avoir visualisé leur performance parfaite et ressenti chaque mouvement et sensation. On entend sans cesse parler d'athlètes qui ont surmonté d'énormes défis sur le plan physique pour faire partie de l'équipe olympique ou d'équipes qui semblaient n'avoir aucune chance de gagner, mais qui ont remporté le championnat grâce à la concentration, à l'intention et à l'engagement.

Plus vous êtes conscient, plus votre conscience intuitive est grande, plus vous pourrez accéder au plus grand potentiel disponible au sein de toute situation ou circonstance. Vous demandez : « Dans le meilleur des résultats, qu'est-ce qui désire se produire ici? » Percevant le meilleur résultat possible, vous pourrez choisir de « faire équipe » avec lui, l'aidant à devenir réalité. Le potentiel ne peut se transformer en réalité à moins d'avoir un partenaire dans le monde physique. Faire équipe avec le potentiel signifie l'aider à « franchir le pont » entre le monde invisible et l'univers tridimensionnel. À moins qu'une personne ou un groupe choisisse de faire équipe avec le potentiel ou d'en être l'escorte et d'en faciliter la manifestation, il ne peut se réaliser dans l'univers tridimensionnel. Un potentiel peut exister, par exemple, pour que soit créé une nouvelle entreprise dynamique ou un service, mais à moins que vous ne fassiez équipe avec ce potentiel et l'aidiez à franchir le pont, rien ne peut être créé.

Mais comment faire? En tant qu'humains, notre être possède deux aspects fondamentaux : l'âme et l'ego. L'âme est le portail à travers lequel la Conscience entre en ce monde. C'est votre essence — à travers l'âme, vous reconnaissez que vous faites un avec tout ce qui existe. L'ego, lui, est ce qui « pense » et se distingue de ce à quoi il pense. C'est la part de votre être qui expérimente et réagit au monde extérieur et à autrui. L'ego se rapporte à tout ce qui s'avère de nature physique et concerne le monde physique — votre corps, votre personnalité, votre intellect et vos compétences.

L'âme vit à la fois dans un corps physique et dans la Grande Conscience. Quant à lui, l'ego n'existe que dans le monde physique, tridimensionnel. Étant à la fois âme et ego, vous avez accès aux mondes visible et invisible. De sorte que *vous êtes un pont* entre la Conscience et cette réalité physique. Grâce à votre mental intuitif, le mental de l'âme, vous pouvez accéder à la Conscience pour découvrir le potentiel qui cherche à se développer à travers toute situation ou circonstance particulière. Le potentiel même devient votre premier partenaire dans la cocréation. Étant son partenaire dans la dimension physique, vous vous engagez à être son escorte et à l'inviter à franchir le pont avec vous jusqu'à la réalité physique. Vous alignerez ensuite parfaitement vos pensées, intentions, croyances, choix et actions sur ce potentiel afin de créer les conditions optimales pour qu'il prenne forme. Nous utiliserons la Roue de la Manifestation pour faciliter ce processus.

Lois universelles

Pourquoi cet alignement d'énergie est-il si important? Nous vivons dans un univers holographique. L'hologramme est un *pattern* complet en lui-même, tout en contenant l'essence d'un plus grand *pattern* complet en lui-même, lequel à son tour contient l'essence d'un plus grand *pattern* complet en lui-même, et ainsi de suite. Dans un hologramme, chaque partie contient l'essence du tout. L'effet d'un univers holographique peut être appréhendé à travers la simple métaphore de miroirs qui se reflètent l'un dans l'autre. Vous vous êtes sûrement retrouvé à un moment donné devant un miroir à trois surfaces dans un magasin de vêtements ou chez le tailleur. Vous avez alors vu ce miroir renvoyer l'image de votre corps à l'infini. Utilisant ce souvenir comme contexte, imaginez que vous êtes entièrement entouré de miroirs — six miroirs tout autour de vous ainsi qu'un plancher et un plafond couverts de miroirs. L'image de votre corps se trouve maintenant réfléchie à l'infini dans toutes les directions. Il s'agit ici d'une métaphore des plus simples d'un univers holographique. Quelle que soit l'essence de l'objet central, elle est immédiatement réfléchie à l'infini à travers les innombrables reflets des miroirs. Tout changement dans l'essence de l'objet central sera instantanément réfléchi à l'infini.

Vous êtes le centre de votre propre univers holographique. C'est votre vibration énergétique qui est en fait réfléchie — ou plus précisément — transmise à l'Univers. Quoi que vous pensiez, comptiez faire, croyiez, choisissiez et fassiez, cela est instantanément diffusé sous forme de vibration énergétique. Lorsque vos pensées, croyances, choix et actions sont alignés entre eux, ils créent alors un signal très puissant. Quand ils ne sont pas alignés, il en résulte un signal faible ou conflictuel. Au moment où le message est diffusé, il attire les pensées, croyances, personnes, circonstances et situations dotées d'une énergie analogue.

Ce que les scientifiques appellent le principe holographique était connu des anciennes écoles de mystère grecques et égyptiennes sous le nom de lois du mentalisme et des correspondances. La loi du mentalisme veut que tout existe dans le mental de Dieu/Conscience et que Dieu/Conscience existe dans le mental de tout. Ce qui revient simplement à dire que le tout comprend toutes les parties et que celles-ci contiennent le tout. C'est-à-dire que chacun d'entre nous existe dans la Grande Conscience **et** que la Conscience existe en nous. Vous êtes donc né doté de l'aptitude à accéder à la Conscience et à tout ce qu'elle représente comme potentiel et possibilités, car son essence est en vous. Vous n'avez qu'à pratiquer et développer cette aptitude de façon qu'accéder à la Conscience devienne votre mode de vie.

La Loi des correspondances affirme : *Ce qui est en haut est comme ce qui est en bas; ce qui est en bas est comme ce qui est en haut.* Ce qui n'est qu'une autre façon de dire que vos pensées et actions se reflètent dans l'Univers et la conscience collective, et que ce qui se passe dans l'Univers et la conscience collective se reflète d'une certaine manière en vous. Ce qui signifie que si quelque chose existe sous forme de potentiel dans la Conscience, le germe en existe déjà dans le monde tridimensionnel. Elle ne peut exister dans une sphère sans exister dans toutes les autres. De plus, si cette chose existe dans votre imagination, un germe de ce potentiel est déjà semé dans la sphère tridimensionnelle et dans la sphère de la Conscience. D'où le célèbre dicton de Walt Disney : *Si vous pouvez en rêver, vous pouvez le réaliser.*

La façon dont les nouvelles idées deviennent réalité en témoigne également. Quand quelqu'un a une idée géniale et qu'il n'arrête pas d'y penser, il lui donne beaucoup d'énergie. Plus il se concentre sur cette idée, plus son potentiel se met à prendre forme et structure dans la conscience. Toutefois, s'il n'agit pas, une autre personne s'emparera bientôt de cette même idée et commencera à la manifester. Cette idée attendait seulement que quelqu'un en devienne l'escorte et l'aide à franchir le pont vers le monde physique. *Ce qui est en haut est comme ce qui est en bas et vice-versa.*

Deux autres lois s'avèrent importantes dans le processus de manifestation : la Loi de Vibration et sa loi complémentaire, la Loi d'Attraction. La Loi de Vibration nous dit que l'énergie est en mouvement perpétuel et qu'elle possède une fréquence vibratoire. La Loi d'Attraction nous dit que « qui se ressemble s'assemble »; en d'autres mots, les fréquences vibratoires attirent toujours des énergies similaires. Vos pensées, intentions, croyances, choix et actions sont tous des énergies vibrant à différentes fréquences, et ils attireront des énergies similaires.[2] Voilà pourquoi l'alignement de l'énergie est la clé de la manifestation.

Quand vos intentions, pensées, croyances, décisions et actions sont parfaitement alignées l'une sur l'autre et sur le potentiel auquel vous vous associez, vous envoyez un signal très puissant. La nature holographique de l'Univers diffuse ce signal et attire les conditions et circonstances requises pour que le potentiel devienne réalité. En tant qu'escorte du potentiel, plus puissant sera le signal que vous enverrez, plus vous attirerez les conditions et circonstances nécessaires pour que le potentiel devienne réalité.

Quand vous escortez quelque chose, vous en gardez et protégez les intérêts en tout temps. Vous vous en occupez, vous l'écoutez et vous veillez à ses besoins de chaque instant. Être l'escorte du potentiel exige que vous soyez intuitivement et constamment à l'écoute de celui-ci et

---

2 Pour en savoir plus sur les lois universelles telles qu'elles ont été codifiées dans les anciennes traditions de sagesse, voir *The Kybalion* et mon deuxième livre, *Soul Mission* Life Vision* (Boston: Red Wheel, 2003), chapitre 5.

que vous le laissiez vous guider. Cela signifie résister à la tentation de « chercher à comprendre » ou de tirer profit des circonstances pour provoquer un événement. Ce que vous devez faire, c'est suivre l'énergie du potentiel. En passant en mode « chercher à comprendre », il est facile de se couper de l'essence énergétique du potentiel. En moins de temps qu'il n'en faut pour le dire, vous pouvez entreprendre une série de démarches mécaniques dénuées de l'essence énergétique du potentiel même. Vous ne travaillez plus avec la Loi des Correspondances pour atteindre votre but et vous ne diffusez pas l'énergie appropriée à travers l'Univers holographique. Quand vous laissez le potentiel vous guider, chaque pensée, intention, croyance, choix et action contient l'essence énergétique de ce potentiel.

Prenez quelques minutes pour faire l'exercice suivant, qui peut vous aider à expérimenter la différence entre « chercher à comprendre » et « suivre la vague d'énergie ».

☞ Exercice 1 :

Chercher à comprendre versus suivre la vague d'énergie

Choisissez un espace ouvert, soit à l'extérieur, soit une pièce spacieuse où vous pouvez faire les cent pas. Tenez-vous debout à une extrémité de cet espace et ayez à l'esprit quelque chose que vous voulez manifester. Imaginez qu'à l'autre extrémité de cet espace, tout ce que vous désirez s'est déjà pleinement manifesté. Que l'endroit où vous vous tenez debout représente vos présentes circonstances; que l'autre extrémité de cet espace représente où vous serez une fois le potentiel pleinement réalisé.

Prenez quelques instants et regardez vers l'autre extrémité de cet espace où ce que vous désirez est pleinement réalisé et considérez comment vous y parviendrez. Prenez le temps de considérer les mesures à prendre — comment trouver l'argent, le temps et les ressources nécessaires — bref, tout ce qu'il faut considérer lorsqu'on travaille à un projet. Observez ce que vous ressentez d'être là à contempler au loin ce que vous désirez et de chercher à comprendre comment y parvenir.

Maintenant, marchez vers l'autre extrémité de cet espace tout en imaginant que vous franchissez un portail spatio-temporel. Tenez-vous à l'endroit et au moment où ce que vous désirez s'est pleinement manifesté. Là, tout est déjà accompli; le rêve est désormais réalité : ce que vous souhaitiez est arrivé. Absorbez cette impression. Regardez en arrière vers l'autre extrémité de la pièce où ce n'est encore qu'un rêve, qu'un désir. Considérez le temps et l'espace qui séparent votre rêve de la réalisation de votre but. Comment y êtes-vous parvenu? Qu'est-il arrivé entre-temps? Quelles mesures avez-vous prises? Quel effet cela vous fait-il de considérer ce que vous désirez d'ici? Notez que chacune de vos pensées est empreinte du fait que vous avez déjà manifesté votre rêve. Prenez le temps d'aller et venir d'une extrémité à l'autre à quelques reprises, passant de l'énergie de « chercher à comprendre » à celle de « c'est déjà arrivé ». Laquelle vous semble la plus réelle? Depuis laquelle vous semble-t-il plus facile de travailler?

En vous tenant là où « c'est déjà arrivé », vous envoyez un signal puissant. La synchronicité entre alors en jeu. La synchronicité, c'est voir les choses s'arranger de façon miraculeuse ou inexpliquée. Ce phénomène est dû au fait qu'à travers la Conscience, tout est intimement relié. Il peut sembler n'être dû qu'au hasard alors qu'en réalité, il existe un réseau complexe de connexions. La synchronicité fait s'accroître la synergie et elle établit le rythme, de sorte qu'avec le temps, votre désir deviendra réalité dans l'Univers tridimensionnel.

Voilà en quoi consiste la technologie de la manifestation.

Chapitre 2

UNE VUE D'ENSEMBLE DE LA ROUE DE LA MANIFESTATION

« Quoi que vous puissiez faire ou rêviez de faire,
commencez-le.
L'audace est empreinte de génie, de pouvoir et de magie. »

Propos de Johann Wolfgang von Goethe relevés par
William H. Murray dans *The Scottish Himalayan Expedition* (1951)

Il y a plusieurs années de cela, un de mes maîtres, Rick Jarow, m'a initié à la Roue de Médecine Lakota, un ancien instrument de manifestation. Au fil des années, où j'ai utilisé la Roue de Médecine, j'ai découvert de nombreuses similitudes entre celle-ci, d'autres traditions de sagesse ancestrales et la théorie quantique. J'ai reconnu en cette roue une puissante technologie qui, adaptée au 21e siècle, pouvait servir d'instrument pour modifier la conscience et faciliter la transformation. De sorte qu'en 2001, j'ai commencé à demander à la Roue de Médecine de me montrer intuitivement comment l'intégrer dans la vie normale des gens du 21e siècle.

La réponse à ma demande se présenta sous la forme de la Roue de Manifestation, un outil dynamique d'alignement, d'action, de réalisation, de création et de succès, qui plonge ses racines dans les anciennes traditions de sagesse et dans la physique quantique. Voici une puissante technique dont peuvent se prévaloir individus et organisations pour transformer leurs idées en résultats, leurs rêves en réalité. Dans votre vie personnelle, ce sera un puissant outil qui servira à manifester les rêves, à identifier et à atteindre votre potentiel, à prendre des décisions et à résoudre des problèmes. Dans votre vie professionnelle ou pour les entreprises et organisations, ce sera un instrument très efficace de planification stratégique, de gestion et de développement de projets, sans oublier la création d'un esprit d'équipe. La Roue de la Manifestation procure un modèle pratique qui, d'étape en étape, permet de révolutionner la conscience globale, une personne et une organisation à la fois.

La Roue de la Manifestation est une technologie qui sert à aligner pensées, intentions, croyances, choix et actions sur l'essence et sur le potentiel énergétique d'un projet ou d'une vision ainsi que sur l'évolution positive de la conscience. On peut l'utiliser pour tout projet, qu'il soit modeste ou grandiose. Sur le plan personnel, elle peut vous aider à découvrir le potentiel optimal qui cherche à se déployer, à résoudre des conflits et la résistance personnelle à un projet ou à une vision, à concevoir (*masterminding*[3]) les possibilités et à trouver les ressources requises. Progressant d'une étape à l'autre sur la Roue, vous apprendrez à accéder à la Grande Conscience, à développer vos compétences personnelles de meneur d'hommes, à identifier les mesures pratiques à prendre et à créer un plan d'action réalisable en plus d'apprendre de nouvelles méthodes de cocréation à l'aide du potentiel et de collègues et collaborateurs.

Pour les projets en équipe ou dans une organisation, la Roue de la Manifestation offre un système, aussi puissant que pratique, de transformation d'idées en résultats, de développement et de mise en

3. Le « masterminding » pousse le processus créatif du brainstorming un peu plus loin en élargissant intentionnellement le champ du mental jusqu'au plan intuitif tout en laissant les choses venir à vous. Le brainstorming peut procurer des intuitions, mais on ignore souvent comment elles surviennent. Alors qu'avec le « masterminding », on s'ouvre intentionnellement à une autre façon d'être, de penser et d'explorer. Vous invitez la Grande Conscience et le potentiel énergétique de votre vision ou projet à participer à la conversation. Voir le chapitre 3 pour de plus amples informations.

œuvre de projets, de planification stratégique, de gestion personnelle et de nouvelles initiatives d'affaires. Vous pouvez l'utiliser pour découvrir le potentiel optimal qui cherche à se déployer dans le cadre de votre organisation et de votre projet ou pour résoudre des conflits et une opposition au projet ou à la vision au sein de l'équipe ou de l'organisation. Votre groupe peut apprendre à concevoir ensemble des possibilités et à trouver les ressources requises en accédant à la Grande Conscience. Chaque membre de votre groupe peut développer davantage ses compétences tant au niveau personnel qu'à celui de la direction de groupe. L'équipe peut apprendre à se laisser guider par le potentiel dans la création et l'application d'un plan d'action réaliste et ce, dans le cadre de la cocréation par le potentiel. Grâce au processus de la Roue, votre groupe ou organisation peut découvrir une vue d'ensemble de son identité dans le monde et de sa contribution aux générations futures et à la conscience collective.

Sur le plan personnel, la Roue de la Manifestation peut être utilisée pour opérer un changement d'emploi, lancer ou restructurer une entreprise, trouver un associé ou perdre du poids. Sur le plan organisationnel, elle peut servir dans des projets allant d'une importante campagne de marketing à une restructuration complète de votre organisation ou la planification d'une fête au travail. Une fois que vous serez habile à l'employer, certains projets exigeront tout au plus une heure pour faire le tour de la Roue; d'autres nécessiteront peut-être une année entière. Tout dépend de la portée et de l'envergure du projet.

La Roue de la Manifestation est un modèle et un guide pour le cheminement intérieur de la conscience de soi et de la transformation requise pour la manifestation extérieure d'une vision. La nature empirique de la Roue aide individus ou organisations dans le contexte de la planification et de la stratégie pratiques. Elle s'attaque également aux croyances et aux perspectives qui peuvent compromettre le succès. Non seulement la Roue fait-elle appel au potentiel optimal pour votre vision ou projet, elle garantit aussi que chaque étape du processus est imprégnée du potentiel optimal. Grâce au principe holographique, la Roue assure que chaque étape de la planification et de l'exécution est pénétrée de l'énergie de la manifestation accomplie.

Quoique la Roue de Manifestation soit tout aussi efficace sur le plan individuel que collectif, nous nous concentrerons ici sur son application individuelle. Tous les concepts, exercices et processus présentés ici peuvent toutefois être adaptés à des applications collectives. Il suffira parfois de remplacer les mots « je » et « moi » par « nous » et « notre organisation ». L'adaptation des exercices et des processus de la Roue à votre organisation peut s'avérer un outil de planification très utile. Le chapitre 12 présente un résumé des concepts, des processus et des considérations de chaque maison de la Roue pour leur application organisationnelle.

Le voyage autour de la Roue

La Roue de la Manifestation est formée de huit étapes ou « maisons », comme elles sont appelées dans la Roue Lakota. Chaque maison aborde un aspect différent de l'alignement requis pour que la manifestation s'opère. Quand vous aurez fait le tour de la Roue et investi énergie et temps dans les questions et concepts de chaque maison, vous aurez aussi accompli le travail d'alignement intérieur et extérieur nécessaire pour que votre vision devienne réalité.

Les quatre directions qu'honorent les traditions amérindiennes — l'est, l'ouest, le nord et le sud — offrent un contexte pour les maisons (voir figure 1). Les Amérindiens entrent dans leurs cercles cérémoniels à partir de l'est. De même, nous abordons la Roue de la Manifestation à partir de l'est, où le soleil se lève, qui représente naissance, nouvelles possibilités et nouveaux commencements. Les maisons sises à l'est sont Intention et Paix. Le sud représente la passion, la chaleur, la croissance et le développement. Ici se trouvent les troisième et quatrième maisons : Énergie et Inspiration. L'ouest, où se couche le soleil, représente la sagesse et l'intuition. C'est ici que se trouvent les cinquième et sixième maisons : Renforcement et Action. Enfin, au nord, qui représente l'accomplissement, l'introspection, la réflexion et le repos, nous découvrons les septième et huitième maisons : Lâcher-prise et Héritage.

1. INTENTION
2. PAIX
3. ÉNERGIE
4. INSPIRATION
5. RENFORCEMENT
6. ACTION
7. LÂCHER-PRISE
8. HÉRITAGE

Figure 1. Les huit maisons de la Roue de la Manifestation

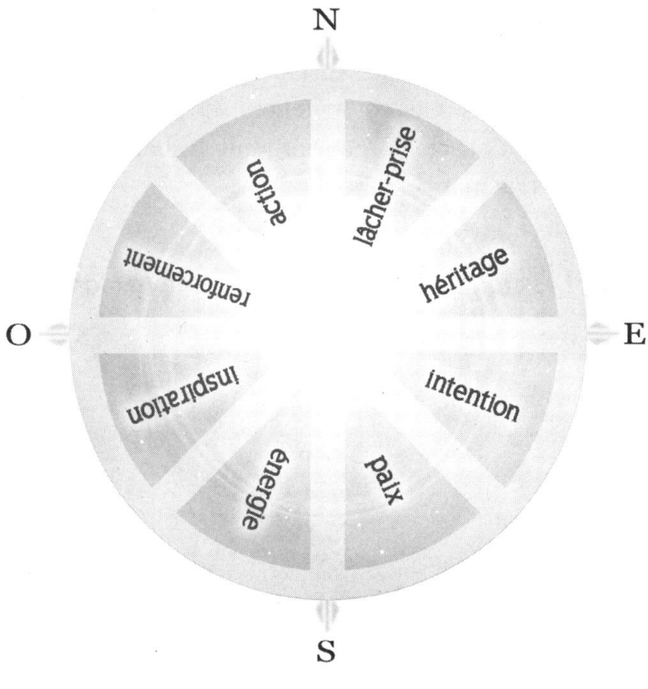

Un second contexte pour le voyage autour de la Roue de la Manifestation peut être formulé en cinq questions fondamentales auxquelles il faut répondre pour réaliser un but et l'ultime potentiel d'un projet ou pour manifester un rêve (voir figure 2) :

- Qui suis-je dans ce projet et pourquoi suis-je là?
- Où vais-je et que fais-je?
- Pourquoi?
- Comment?
- Est-ce viable?

Le voyage autour de la roue vous permet d'approfondir ces questions afin d'apporter mise au point, clarté et alignement. À travers la Roue, vous clarifiez votre position et votre rôle dans le projet ainsi que les raisons de votre participation. Vous clarifiez le projet même et la direction qu'il veut prendre. Les motivations deviennent aussi évidentes qu'alignées. Vous cocréez un plan d'action avec le potentiel même et vous exécutez « consciemment » le plan. De plus, vous garantissez la viabilité du projet tout en confirmant que le projet peut soutenir les participants pendant tout le processus. Grâce à la Roue de la Manifestation, vous maximalisez les compétences, les talents et l'intention en plus d'accéder à la Conscience pour produire l'aboutissement optimal pour votre projet de manifestation.

Figure 2. Les cinq questions de la Roue de la Manifestation

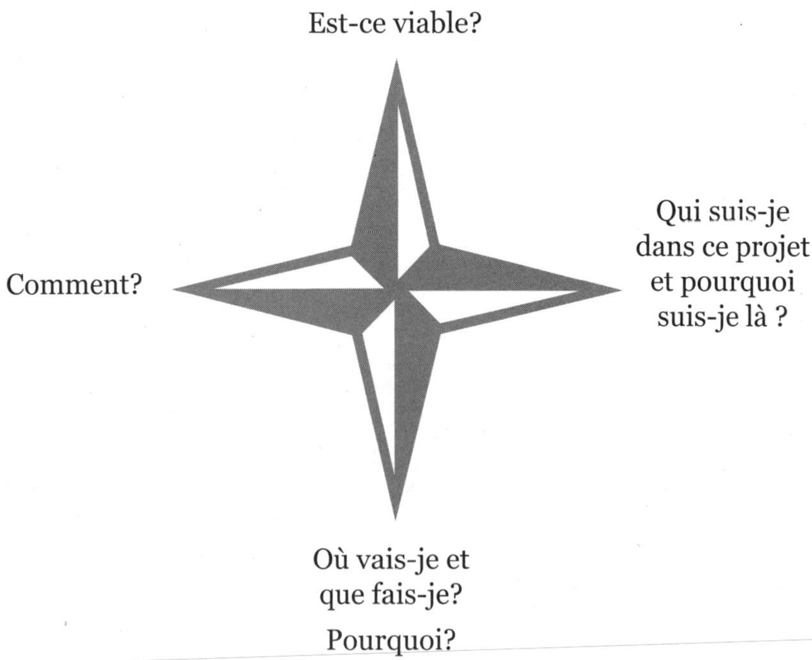

Faisons un tour rapide de la Roue dans le contexte de ces cinq questions pour vous donner une idée du caractère de ce cheminement.

Est : Qui suis-je dans ce projet et pourquoi suis-je là?

Dans la première maison, appelée Intention, vous dites clairement ce que vous placez sur la Roue. Qu'avez-vous l'intention de manifester? Il peut s'agir d'un but ou d'un projet, d'une décision, de la solution à un problème, d'une nouvelle collecte de fonds ou du lancement d'un nouveau produit, d'une nouvelle initiative de marketing ou de la restructuration d'un aspect de votre vie ou de votre travail. Cette maison vous demande d'être absolument clair dès le début quant à votre intention et votre position. Vous clarifiez ici votre rôle dans ce projet ou ce rêve et comment il est lié à qui vous êtes dans le monde. Elle exige votre participation entière au processus de la manifestation ainsi qu'à l'apprentissage et à la croissance qui pourraient être requis de vous en cours de route.

Dans la deuxième maison, nommée Paix, vous découvrez et identifiez tout conflit qui se rattache à votre vision. Y aurait-il une partie de vous-même qui n'est pas alignée sur cette vision? Cette vision s'aligne-t-elle sur votre âme et sur vos valeurs? S'il existe un conflit avec la vision ou le projet à quelque niveau — que ce soit dans la façon dont s'opère son accomplissement ou dans l'aboutissement que vous convoitez —, ce conflit entraînera une perte d'énergie. De tels conflits doivent être réglés avant de procéder au projet. Si tout votre être n'est pas entièrement impliqué, il sera difficile de maintenir l'énergie nécessaire pour réussir le projet ou réaliser le but.

Sud : Où vais-je et que fais-je? Pourquoi?

La troisième maison, appelée Énergie, vous invite à une grande séance stratégique de *masterminding*. Il s'agit ici de considérer les directions, les buts, les objectifs et les scénarios possibles pour le projet. Vous développez de l'enthousiasme et de l'énergie, vous trouvez votre motivation réelle et vous mobilisez les forces et les énergies requises.

Vous identifiez les ressources et les outils qui seront nécessaires à la manifestation du projet. Vous considérez qui d'autre il vous faut motiver et enthousiasmer. Bien qu'il puisse être très tentant de créer ici un plan d'action parfaitement au point, il serait prématuré de le faire. Dans cette maison, vous créez une convergence d'énergie et un sentiment de dynamisme pour le projet qui, dans les deux maisons suivantes, continueront de s'amplifier pour produire une base plus solide et une vision plus nette quand viendra le temps de créer et d'appliquer votre plan d'action dans la sixième maison.

Lorsque vous amorcez un projet de manifestation armé d'une intention et d'une motivation bien définies, ajoutez-y des pensées et des croyances alignées sur cette motivation, puis énergie et vitalité. Il en résultera une base solide à de fulgurants succès. Voilà ce que permettent d'accomplir les trois premières maisons.

La quatrième maison, appelée Inspiration, vous invite à un processus de visualisation. C'est ici que vous puisez dans le futur pour en apprendre davantage sur le plus grand potentiel accessible à travers votre projet. Il ne s'agit pas ici de prédire l'avenir, mais de lui demander de vous montrer à quoi pourrait ressembler le potentiel optimal dans sa pleine manifestation. La raison d'être de cette maison consiste à éveiller l'intuition et à apprendre comment celle-ci et l'intellect pourraient collaborer pour orienter un processus stratégique de manifestation. Il arrive souvent qu'en cette quatrième maison, vous commenciez à formuler une image encore plus grandiose de votre vision ou projet.

Ouest : Comment?

La cinquième maison s'appelle Renforcement. C'est ici que vous considérez comment ce projet ou cette vision exhorte tous les participants à faire de leur mieux et qu'il montre comment le projet leur profitera. Vous considérez les qualités de chef requises, vous les développez en vous ou vous les suscitez chez tous les participants. Vous observez qui vous devenez et qui chacun des participants devient à travers sa manifestation et vous évaluez quelle impression s'en dégage. Vous considérez comment ce projet peut enrichir la vie de toutes les personnes qu'il touchera.

Enfin, la sixième maison nous amène à l'Action. Dans cette maison, vous identifiez clairement vos stratégies et directions, vos buts et objectifs. Vous créez un plan d'action et vous le mettez en branle. Qu'est-ce qui le distingue d'un plan conventionnel? Votre conscience continuelle de qui vous êtes alors que vous exécutez ce plan et le fait que vous reconnaissez ce qui motive l'action. Est-ce que tous les participants et vous-même, vous continuez de vous engager dans votre potentiel optimal personnel à travers ce plan d'action? Ce dernier est-il motivé par des désirs personnels ou par le potentiel? Qu'est-ce qui voudrait se produire dans le grand ordre de l'Univers? Dans cette maison, vous recherchez l'aide et les conseils des autres qui peuvent vous guider ou vous assister de façon prodigieuse et vous déterminez les délais requis pour que s'accomplisse la vision.

Nord : Est-ce viable?

La Roue de Manifestation vous enseigne le processus de cocréation avec autrui ainsi qu'avec le potentiel et la Grande Conscience. La septième maison, appelée Lâcher-prise, élève l'énergie de cocréation à un niveau supérieur. Vous avez fait votre travail; vous avez mis en branle votre plan d'action. À un certain point, il vous faut confier votre projet à la Grande Conscience et espérer que la synergie se développera et que des synchronicités surviendront. Le projet a maintenant une vie qui lui est propre. Il se passe des choses qui échappent à votre contrôle et que vous n'aviez probablement pas prévues. À cette étape du processus de cocréation, votre rôle consiste à réagir à ce qui arrive alors que le projet revêt sa propre vie. Vous devez continuer à l'assister, à en suivre l'énergie et à jouer dans le cadre des processus synergiques. Vous devez vous en remettre aux forces invisibles et apprendre à dépasser les limites de la pensée rationnelle. Faisant cela, vous entrez dans un partenariat plus dynamique, intuitif et cocréatif.

La dernière maison de la Roue de la Manifestation s'appelle Héritage. C'est ici que vous considérez la viabilité de votre vision et son impact sur les générations futures. En plus de considérer si vous et votre famille ou votre organisation, et votre communauté profiterez de ce projet de manifestation ; vous regardez s'il profitera aussi à l'humanité entière. En quoi contribuez-vous à son avenir? Quel futur créez-vous ainsi pour les petits-enfants de vos petits-enfants? Le processus et le résultat de votre projet sont-ils en harmonie avec l'évolution positive de l'humanité? L'ultime question est : « En quoi ce projet de manifestation va-t-il créer un monde meilleur? »

La Roue de la Manifestation vous fait prendre davantage conscience de votre contribution continue à votre communauté mondiale, aujourd'hui comme demain. Elle vous aide à comprendre son héritage vibratoire — l'héritage que vous créez par vos pensées et par vos émotions ainsi que par vos actions. Quand vous faites du pain ou du café, l'arôme se répand dans toute la maison. De la même façon, les *patterns* d'énergie de vos créations, pensées et actions se diffusent dans l'Univers et dans la conscience collective. Que votre projet soit de grande ou de petite taille, c'est néanmoins une structure énergétique qui répand ses vibrations dans la conscience collective. Il importe ainsi que votre intention et votre projet achevé soient en harmonie ou en alignement avec l'héritage que vous désirez laisser.

Un processus circulaire

La Roue de la Manifestation est un processus circulaire dont l'étape finale, dans chaque maison, consiste à retourner aux maisons précédentes pour s'assurer que tout demeure en harmonie et en alignement. À titre d'exemple, vous constaterez peut-être que, tout en travaillant dans la deuxième maison, vous ne pouvez vous réconcilier avec un aspect particulier de votre projet ou de votre intention. Il vous faut donc revenir à la première maison et procéder à toutes les révisions de votre intention nécessaires pour vous réconcilier avec celle-ci dans son tout. En examinant l'habilitation dans la cinquième maison, vous pourriez aussi constater que certains buts que vous aviez fixés dans la troisième maison réduisent l'habilitation de certains groupes ou individus. Dans ce cas, vous devez retourner à la troisième maison et revoir ces buts.

Harmonie et alignement sont essentiels au processus de manifestation. Lorsqu'il y a désaccord, synergie et synchronicité sont bloquées. Synergie et synchronicité sont les véhicules à travers lesquels la manifestation survient. Répétons-le, la manifestation ne consiste pas à provoquer quelque chose. Il s'agit plutôt de mettre en place les conditions d'harmonie et d'alignement qui attireront un aboutissement particulier. Votre projet, votre intégrité personnelle, votre âme et le potentiel qui désire se déployer doivent tous être alignés afin de manifester l'aboutissement optimal. Avant de quitter chaque maison, vous devez donc vérifier toutes les précédentes pour voir si votre travail a davantage éclairé le projet ou l'intention et pour résoudre tout conflit qui aurait pu surgir.

En terminant votre voyage autour de la Roue pour ensuite revenir à la première maison, vous verrez que vous vous situez très différemment par rapport à votre vision ou votre projet. Votre projet est peut-être terminé et vous allez passer au prochain but que vous vous êtes fixé, ou bien celui-ci est peut-être rendu à l'étape suivante. Quoi qu'il en soit, quand vous retournez à la première maison, vous esquissez de nouvelles intentions et vous prenez de nouveaux engagements pour la prochaine partie de votre cheminement.

Quoi que vous choisissiez de mettre sur la Roue de la Manifestation, le processus le réalisera au plus haut point. Vous verrez également que le processus de la Roue possède plusieurs niveaux. Tout en dressant votre plan d'action, vous réaliserez peut-être que certains éléments ou étapes seraient avantagés s'ils avaient leur propre Roue. Ou encore qu'un autre projet doit être terminé avant que vous puissiez aller de l'avant avec celui qui vous occupe. Placez ce projet sur sa propre Roue et faites-lui faire le tour de celle-ci. Une fois ce projet terminé, revenez à votre projet initial et continuez-le. Tout cela pour vous dire que vous pourriez vous retrouver avec plusieurs roues simultanément en branle pour le même projet — une Roue maîtresse et des roues secondaires.

Une grande partie du processus de la Roue dépend du fait que vous laissiez le travail de chaque maison habiter vos pensées pendant toute la journée. Vous obtiendrez de nouvelles révélations tout en étudiant chaque maison. Prenez chaque jour le temps de méditer ou de considérer votre projet et la maison où vous travaillez actuellement et vous serez étonné de ce qui pourrait survenir.

Quand vous faites le tour de la Roue avec votre projet, vous vous engagez dans les processus internes et externes de la manifestation. Vos processus internes créent le champ énergétique où survient la manifestation externe. Le seul fait d'avoir traversé les huit maisons ne signifie pas cependant que votre projet est terminé. Comprenez plutôt que tout est maintenant en place pour que le projet ou la vision se manifeste. Il faudra peut-être un certain temps pour que tout s'arrange. Votre responsabilité consiste à maintenir l'harmonie et l'alignement de l'énergie afin que le potentiel puisse se déployer en temps voulu.

Une autre loi universelle, appelée loi de la gestation, veut que toute chose vienne en temps voulu. À titre d'exemple, il faut neuf mois pour que le fœtus se développe au point de pouvoir vivre hors du ventre de sa mère. De même, un gâteau requiert un certain temps au four pour que les réactions chimiques requises se produisent. Ainsi en est-il de tout projet de manifestation. Il faudra peut-être du temps pour que tout s'arrange. Plus complexe sera le projet, plus grand sera le nombre de participants et de « pièces de puzzle », plus la période de gestation risque d'être longue. Il faut donc toujours faire preuve de patience au cours du processus de la manifestation. Il peut y avoir un certain décalage au niveau du temps entre le processus et vous.

Le fait qu'un projet, but ou rêve fasse le tour de la Roue garantit-il sa manifestation? Nous savons tous que rien n'est garanti dans la vie. Rappelez-vous que la manifestation ne consiste pas à provoquer un événement, mais bien à mettre en place les conditions optimales qui lui permettront de se produire. Plusieurs facteurs peuvent contribuer à tout aboutissement ainsi que plusieurs « votes » quant à ce qu'il devrait être. Il y a, bien sûr, votre vote — ce que vous voulez qui se produise. Il y aussi la Conscience, cette intelligence, cette force qui crée et maintient tout, qui agit à partir de la « vue d'ensemble » de ce qui voudrait se produire pour tous, pas seulement pour vous. Sans oublier le point de mire énergétique, l'alignement et les désirs des autres associés à votre situation ou votre projet. La manifestation implique l'alignement de ces trois facteurs et repose sur la découverte du flux énergétique où tous les trois « votent » pour la même chose.

La Roue de la Manifestation favorise l'apprentissage, la croissance et le développement ainsi que l'alignement de l'énergie à tous les niveaux. Tel est son cadeau. En vous engageant dans le processus de manifestation, si vous le suivez étape par étape et brisez votre attachement à un résultat spécifique, le potentiel optimal de votre vision ou projet se réalisera effectivement. En dernière analyse, c'est le voyage de découverte et de croissance — et non la destination — qui importe. Si vous considérez honnêtement et intégralement toutes les questions que la Roue pose, si vous accomplissez le profond travail intérieur requis, si vous développez votre pensée intuitive et prenez les mesures qui s'imposent, votre voyage autour de la Roue vous aidera à affiner votre vision ou projet afin que vous obteniez finalement le résultat désiré.

Voici quelques suggestions pour votre premier voyage sur la Roue de la Manifestation. Je vous conseille de choisir un but ou un projet relativement simple et pas trop ambitieux : quelque chose que vous êtes assez certain de pouvoir accomplir, mais qui vous demandera quand même de gros efforts. Selon la complexité de votre projet, il faudra peut-être plusieurs jours — voire même une semaine ou plus — pour qu'il fasse le tour de la Roue. Certaines maisons seront vite traversées, d'autres exigeront un plus grand délai, parfois quand vous vous y attendez le moins. Voilà un autre cadeau de la Roue : elle garantit de remuer ciel et terre et que partout l'énergie sera en parfait alignement. Par conséquent, donnez-vous le temps qu'il faut dans chaque maison. Si vous choisissez de passer plusieurs jours ou davantage dans une maison particulière, lisez tout le chapitre correspondant chaque jour et gardez bien à l'esprit les concepts et les exercices de cette maison. Chaque fois que vous lirez le chapitre en question et que vous réfléchirez aux considérations de cette maison, vous découvrirez de nouveaux niveaux de conscience, de découverte et de compréhension.

Nous voici donc fin prêts à entrer dans la première maison : la maison de l'Intention.

Chapitre 3

MAISON n° 1 : INTENTION

Identifiez et nommez votre intention.
Identifiez le plus grand potentiel pour votre projet ou vision.
Engagez-vous à changer et à grandir.
Engagez-vous dans le périple de la Roue.

Alors que vous entrez dans la première maison de la Roue de la Manifestation, vous commencez à faire de votre vision ou projet une réalité. C'est ici que vous affirmez votre intention quant à ce que vous allez manifester et qui vous serez dans le cadre du processus de manifestation.

Dans cette première maison, vous devez accomplir cinq choses fondamentales pour affirmer votre intention et préparer le terrain pour votre périple de manifestation :

1. Énoncer clairement le projet ou la vision que vous avez l'intention de manifester;
2. Découvrir et embrasser le plus grand potentiel accessible pour votre projet ou vision et vous engager à le manifester;
3. Discipliner vos pensées et vous engager à les aligner entièrement sur le potentiel que vous désirez manifester;
4. Vous engager dans l'apprentissage, la transformation et la croissance nécessaires pour manifester votre vision;

5. Vous engager à écouter intuitivement le potentiel de votre vision et de votre propre guidance intérieure à chaque étape du cheminement, et à répondre à celle-ci par des actions appropriées.

Tout cela implique un engagement de votre part : à votre vision ou projet, à votre responsabilité personnelle ou organisationnelle dans le processus de manifestation ainsi qu'au projet même. Votre engagement est ce qui fait démarrer le processus. Plus votre engagement sera fort, plus le signal que vous enverrez dès le départ à l'Univers sera fort. C'est aussi une indication claire de l'importance que revêt ce projet ou cette vision à vos yeux. Si ce n'est pas vraiment important, il est peu probable que vous ferez ce qu'il faut — c'est-à-dire discipliner vos pensées et actions, vaincre les doutes et la résistance qui pourraient surgir ou acquérir les nouvelles compétences requises.

Il faut être maître de soi pour devenir maître de la manifestation. Cela requiert un degré élevé d'engagement afin d'être à la hauteur de votre plus grand potentiel en toutes circonstances. Voilà pourquoi la Roue de la Manifestation vous demande d'emblée de vous engager dans l'apprentissage, dans l'affrontement des défis, dans la croissance comme dans la transformation et dans la revendication de percées quand l'occasion se présentera. Quand vous commencerez à fouler le sentier de la manifestation, parfois vous ne verrez pas clairement ce qui vous attend. Certaines choses ne pourront être découvertes qu'en cours de route. Au début, vous n'aurez peut-être pas toutes les compétences et ressources requises pour la manifestation de votre vision. Vous en ignorerez peut-être même la nature. Ce n'est pas grave. Le tour de la Roue vous offre l'opportunité de développer ces compétences et de trouver ces ressources. Apprendre et manifester vont de pair. Cela requiert qu'on soit prêt à changer, à grandir et à accepter le fait qu'on ne sait pas ou qu'on ne comprend pas certaines choses. Et quittant votre zone de confort, cela exigera que vous affrontiez craintes et résistance, que vous remettiez en question croyances et comportements quand vos configurations par défaut ne vous serviront plus à rien, et que vous renonciez à vos hypothèses sur la façon dont les choses iront ou devraient aller. Le potentiel latent de votre vision ou projet considère peut-être la chose autrement ; il possède habituellement une « vue d'ensemble ».

Le fait de vous fier à votre connaissance intuitive et de travailler avec l'énergie exige peut-être en soi de grands efforts de votre part. Notre culture grand public n'admet pas encore l'idée que la vie soit guidée par l'intuition, mais la situation est en train de changer. Le numéro de décembre 2004 de *Fast Company,* une revue américaine d'affaires de pointe, prédisait qu'agir par intuition serait la tendance dominante qui pourrait changer notre façon de vivre et de travailler dans le futur. Quand des revues d'affaires prestigieuses qualifient l'intuition de tendance dominante, le temps est venu pour que la technologie de manifestation devienne grand public.

Le développement intuitif est grandement accéléré et rehaussé par une pratique régulière de la méditation et de l'introspection. Quand on me demande quelle forme de méditation je recommande, je réponds toujours : « Qu'importe pourvu qu'elle fonctionne! » La forme que prend votre introspection n'importe pas autant que le fait qu'elle fonctionne pour vous et qu'elle vous convient. Vous savez qu'elle fonctionne quand vous pouvez la pratiquer au quotidien sans y opposer trop de résistance ou de tergiversation. La bonne pratique quotidienne pour vous peut être une forme de méditation orientale ou une marche dans un cadre aussi serein que paisible ou encore le jogging. Quoi qu'il en soit, elle devrait constituer une période de silence sans musique ou conversation — seulement le silence et vous. Peu importe votre choix, utilisez-le pour découvrir sous vos pensées, sentiments, perceptions et opinions de l'instant qui vous êtes en votre essence — au niveau de votre âme. C'est en effet à ce niveau que vous accédez à la Grande Conscience et que vous découvrez le potentiel.

En l'absence d'une telle pratique, fermez simplement les yeux pendant quelques minutes chaque jour et concentrez-vous sur votre respiration. Voici un exercice simple qui vous y aidera.

☞ Exercice 2 :

Respirer dans le silence

Fermez les yeux et concentrez-vous entièrement sur votre respiration, sur l'air qui entre et sort de vos narines. Cette concentration sur votre respiration ralentira votre rythme intérieur, qui deviendra alors aussi régulier que paisible. En quelques instants, ce rythme intérieur plus calme commencera à avoir un effet sur votre rythme extérieur. Cela peut prendre un certain temps si vous êtes tendu ou stressé, mais soyez patient. Continuez de respirer. Souriez tout en respirant et tout votre corps se détendra. C'est tout ce qu'il y a de plus simple comme exercice : fermez simplement les yeux, respirez et concentrez-vous entièrement sur votre respiration. Votre corps et votre mental répondront automatiquement.

Durant la journée, prenez quelques instants pour faire cet exercice. Votre respiration peut être votre meilleur ami lorsqu'il s'agit de glisser dans le silence et de trouver votre centre de paix. Elle peut vous aider à rester calme et concentré toute la journée. Vous pouvez faire cet exercice n'importe où — au travail, entre deux rendez-vous, pendant que vous faites de l'exercice ou que vous glissez dans le sommeil. Laissez votre respiration vous guider vers le calme et la tranquillité.

Pratiquer régulièrement l'introspection vous aidera à aborder votre travail avec la Roue sous l'angle de votre moi réel, centré, plutôt que de celui du rythme accéléré ou des activités de votre journée. En fait, chaque décision importante dans votre vie sera plus évidente et plus facile à prendre grâce à une pratique introspective régulière. Voici un autre instrument qui vous aidera pendant que vous développez une pratique quotidienne de l'introspection.

☞ Exercice 3 :

Découvrir votre point de quiétude

Restez assis tranquillement, les yeux fermés et le dos bien droit. Placez vos pieds à plat sur le sol ou repliez vos jambes sous votre corps. Posez vos mains confortablement sur vos genoux. Prenez quelques respirations profondes, laissez votre corps se détendre, puis laissez votre souffle trouver son propre rythme naturel, décontracté. Commencez à porter votre attention sur votre souffle alors qu'il circule dans vos narines. Concentrez toute votre attention sur ce point focal : le souffle qui circule dans vos narines. Ne soyez conscient de rien d'autre que votre respiration.

Vous noterez peut-être beaucoup de « bavardage » dans votre esprit pendant que vous cherchez à vous concentrer uniquement sur votre respiration. Ce n'est pas grave. Contentez-vous d'en noter la présence. Puis laissez-vous glisser graduellement sous ce bavardage. Tout en inspirant, imaginez le sol de votre niveau actuel de conscience qui s'ouvre. En expirant, laissez-vous descendre en flottant doucement jusqu'au prochain niveau de profondeur et de quiétude. Tout en inspirant à nouveau, imaginez que le sol s'ouvre; en expirant, flottez doucement en descendant jusqu'au prochain niveau. Continuez ainsi jusqu'à ce que vous ayez atteint un lieu de quiétude absolue. Il vous faudra peut-être traverser plusieurs niveaux de distraction et de verbiage mentaux avant d'atteindre enfin ce lieu de quiétude. C'est correct. Ne vous souciez pas du temps requis. Continuez simplement à respirer et à flotter vers des niveaux plus profonds et tranquilles.

Alors que vous flottez toujours plus en profondeur, notez que vous vous sentez de plus en plus calme, centré et enraciné. Ressentez votre cœur qui s'ouvre. Vous ne vous ouvrez qu'à vous-même — votre âme, votre essence. Vous prenez simultanément conscience de plusieurs niveaux d'éveil et de conscience. Vous commencez à comprendre que même s'il y a beaucoup de verbiage en surface, plus on va en profondeur, plus la quiétude est grande. Prenez le temps de flotter un peu. Quand vous sentez que l'exercice est terminé, ouvrez les yeux.

Notez toute la différence que vous ressentez après ce court exercice. Peut-être vous sentez-vous plus détendu, plus centré ou serein. Peut-être l'exercice a-t-il été difficile à cause de nombreuses distractions au niveau du mental. Si c'est le cas, soyez clément envers vous-même et commencez par faire le premier exercice plusieurs fois par jour pendant quelques jours. Puis revenez à l'exercice du Point de Quiétude.

La pratique quotidienne de ces exercices simples peut grandement améliorer votre périple autour de la Roue et enrichir votre vie de tous les jours.[4] Le fait de vous enraciner dans une pratique quotidienne d'introspection et de vous fier à votre intuition s'avère essentiel à l'identification du potentiel latent d'une vision, d'un projet ou d'une situation.

Potentiel, possibilité et aboutissement

Avant d'aller plus loin, précisons la distinction entre potentiel, possibilité et résultat. Le potentiel est souvent conçu comme une chose ou un résultat spécifique qui pourrait survenir dans le futur. En vérité, toutefois, le potentiel est une énergie pure qui ne s'est pas encore organisée sous une forme spécifique. C'est la force motrice derrière les plus hauts niveaux de créativité et de manifestation. Il existe dans la sphère invisible de la Conscience, où passé, présent et futur coexistent sans la moindre notion d'espace et de temps linéaires tels que nous les connaissons. De sorte que le potentiel est une essence énergétique qui habite d'ores et déjà votre projet et qui désire émerger. Doté d'action et de mouvement, le potentiel est ce qui attend et qui veut arriver. La possibilité, elle, est une façon spécifique, une forme sous laquelle le potentiel peut se manifester — ce qui pourrait arriver. L'aboutissement, quant à lui, représente le résultat final — ce qui est arrivé.

Potentiel : une essence énergétique; une énergie sans forme ou qui attend de prendre forme; ce qui voudrait arriver.

Possibilité : une forme que le potentiel pourrait prendre dans le monde physique; énergie qui prend une forme spécifique; ce qui pourrait arriver.

---

4. Il existe plusieurs livres et programmes audio qui peuvent vous aider à créer une pratique d'introspection régulière et à développer votre facultés d'intuition. Ceci inclut mes deux premiers livres, *Intuitive Living: A Sacred Path* (Boston: Red Wheel, 2001) et *Soul Mission* Life Vision* (Boston: Red Wheel, 2003).

Aboutissement : une forme matérialisée, devenue « réelle » dans le monde physique; ce qui est arrivé.

À titre d'exemple, disons que vous voulez manifester une nouvelle maison. Vous demandez d'abord : « Quel est le plus grand *potentiel* qui attend d'émerger? » La réponse est surtout constituée des choses que vous espérez : une impression d'espace ouvert, un espace qui pourra nourrir votre créativité. Puis vous est révélé un potentiel inespéré : la proximité de sentiers de marche dans les bois. Avec le potentiel vient le message intuitif qu'il vous faut passer beaucoup plus de temps dans la nature pour équilibrer votre vie professionnelle stressante et rehausser votre créativité.

Vous vous associez donc à ce potentiel et vous en devenez l'assistant. Appelant un agent immobilier, vous lui donnez la liste de choses habituelles que vous recherchez dans une maison : style, dimension, caractéristiques, échelle de prix, trajet commode pour se rendre au travail. Entre-temps, vous continuez à vous concentrer sur le potentiel d'espace ouvert, de stimulation de votre créativité et la proximité de sentiers de marche. L'agent immobilier vous montre plusieurs maisons — toutes des *possibilités* qui offrent en fait la réalisation du plein potentiel. Vous choisissez alors l'*aboutissement* parmi les possibilités — la maison que vous achèterez. En vous concentrant seulement sur une nouvelle maison d'un certain style, d'une certaine dimension et d'une gamme de prix avec trajet commode pour se rendre au travail, vous n'auriez peut-être pas reçu l'importante guidance intuitive quant à votre besoin de passer du temps dans la nature. Vous auriez pu perdre l'opportunité de manifester une maison à proximité de sentiers de marche.

Considérons un projet professionnel ou d'affaires, peut-être un projet de lancer un nouveau produit ou service spécifique. Vous demandez : « Quel est le plus grand potentiel qui veut se produire ici? » Vous découvrez cependant qu'au lieu de lancer le service, le plus grand *potentiel* serait en fait d'ouvrir le marché à une nouvelle façon de penser concernant ce genre de services. Les *possibilités* quant à la façon pour vous de le faire pourraient inclure des campagnes de promotion, de nouveaux designs pour le service, des programmes d'éducation publique, la création d'alliances avec d'éminents leaders d'opinion et le repositionnement de votre marque professionnelle. L'*aboutissement* serait alors que l'initiative du nouveau produit a suscité une ligne tout à fait différente de services ainsi qu'une ambiance et un look tout nouveaux pour votre entreprise. Au début, il n'était pas évident quel en serait l'aboutissement sauf que le service serait lancé. La concentration sur le potentiel plutôt que sur l'aboutissement a engendré des résultats supérieurs.

Supposons que votre intention serait de manifester un nouvel emploi. Vous demandez : « Quel est le plus grand potentiel qui m'attend dans un nouvel emploi? » La réponse pourrait être de partir pour des destinations palpitantes, de vivre une autonomie considérable au sein d'une structure organisationnelle progressiste et d'acquérir épanouissement et gains personnels à travers le service d'autrui. En vous concentrant sur le potentiel, l'énergie est libre de manifester le meilleur poste possible. Par contre, en vous concentrant sur la manifestation d'une position très spécifique dans une compagnie particulière, incluant un salaire spécifique et une certaine description de poste, vous limitez grandement les possibilités de manifestation. Et le plus grand potentiel qui vous attendait ne sera peut-être jamais réalisé. De plus, vous limitez le champ à une possibilité si spécifique que les chances qu'elle soit accessible sont considérablement réduites.

Potentiel, possibilité et aboutissement font tous partie intégrante de l'équation de la manifestation. Peu importe ce que vous désirez créer, vous êtes porté à commencer avec un aboutissement spécifique à l'esprit. Ce qui peut vous piéger dans une forme arrêtée aux conditions également arrêtées. Vous pourriez aussi vous retrouver en mode de résolution de problèmes ou de « provoquer quelque chose », donnant ainsi plus d'énergie à votre situation actuelle ou à un aboutissement spécifique qu'à ce que pourrait être le véritable potentiel.

Le potentiel de la pure énergie

Nous avons dit que la manifestation est une question d'alignement de l'énergie et que cette dernière incarne l'essence fondamentale de toute chose. En son état de pureté, l'énergie a le potentiel de devenir n'importe quoi. Cependant, une fois qu'elle a pris une forme particulière, elle s'agence en une structure définie. Essayer de changer une forme en une autre, c'est comme chercher à résoudre un problème. Un objet, une situation ou une circonstance existe selon une formation particulière d'énergie, que vous voulez transformer. À titre d'exemple, si vous créez une nouvelle chaise pour ensuite découvrir que le design est imparfait — la chaise s'écroule quand on s'assoit —, vous pouvez utiliser plusieurs approches pour l'améliorer ou pour résoudre le problème. Mais si le design est fondamentalement imparfait, toute l'attention qu'on pourrait accorder à cette chaise ne lui permettra pas pour autant de supporter le poids d'une personne. Au lieu de se concentrer sur le design défectueux, demandez intuitivement : « Qu'est-ce qui voudrait arriver ici? Quel design réussi attend d'être créé? ». Laissez ensuite le potentiel vous révéler le nouveau design.

Si un conflit vous oppose à un collègue ou à votre patron et que vous vous concentrez sur sa résolution, vous cherchez en fait à changer une structure énergétique en une autre. Demandez plutôt avec intuition : « Qu'est-ce qui voudrait arriver ici? ». On vous révélera peut-être alors une organisation du travail entièrement différente, qui conviendrait mieux à tous les intéressés. Concentrez-vous ensuite sur la création de cette nouvelle organisation et l'énergie conflictuelle sera transformée en un nouveau niveau de coopération et de partenariat.

La manifestation s'amorce sur une vision ou sur une idée, énergie pure qui n'a pas encore pris forme sur le plan physique. La manifestation s'opère ainsi avec l'énergie et le potentiel qui habitent la vision. C'est une façon de transformer l'énergie en forme. Dans la première maison, nous commençons donc avec l'énergie comme pur potentiel, et en s'y associant, nous l'escortons vers la réalité. L'ultime forme ou aboutissement émergera alors que vous faites le tour de la Roue.

L'énergie est en constante mutation. À quelle vitesse ou lenteur s'opère cette mutation dépend de la densité et de la masse de la forme, de la structure ou de la situation. Plus dense est la forme, plus lente sera la fréquence vibratoire. Plus grande est la forme ou plus complexe la structure ou la situation, plus long sera le temps requis pour que la transformation s'accomplisse. En d'autres mots, vous pouvez réaliser un changement dans votre propre vie plus vite que toute une famille qui voudrait en faire autant. De même, une organisation de dix membres seulement peut généralement effectuer un changement de procédure plus rapidement qu'une organisation mondiale composée de milliers de membres.

La rapidité ou l'efficacité avec laquelle vous opérez un nouveau changement ou manifestation dépend du fait que vous travaillez avec la forme — cherchant à changer une situation ou circonstance — ou avec le potentiel — demandant ce qui voudrait arriver pour ensuite manifester une nouvelle situation ou circonstance. Lorsqu'on travaille avec la forme, le changement s'avère un long processus, car la forme est plus lourde et moins malléable que la pure énergie du potentiel, laquelle se révèle certes plus flexible et plus facile à travailler. Par conséquent, en vous associant au potentiel énergétique, changement et manifestation peuvent s'opérer à une vitesse très supérieure. De même qu'il vous faut du potentiel comme source d'inspiration, de créativité et d'innovation, le potentiel requiert un valet, un partenaire, une force d'enracinement pour l'aider à se manifester dans l'univers à trois dimensions de la forme. Escorte du potentiel, vous devenez un participant actif dans la cocréation de votre présent et de votre avenir.

Cela implique la création d'un espace ou champ énergétique autour de votre projet pour en retenir l'énergie et constituer un espace sécuritaire où vous mettre à l'écoute de l'intuition, du potentiel et de la Conscience. Ainsi pourrez-vous être aussi créatif qu'innovateur. Si vous travaillez seul, c'est à vous de créer et de maintenir cet espace énergétique. Si vous travaillez sur un projet de groupe, vous pouvez désigner un membre de l'équipe comme principale escorte du potentiel. Ce sera à lui ou elle de maintenir l'espace, d'y ramener le groupe lorsqu'il s'en éloigne ainsi que d'en surveiller et protéger l'énergie.

Il importe de créer un espace sécuritaire pour déclencher des conversations sur la manifestation. Si vous suivez vraiment le potentiel, ces conversations ne seront peut-être pas les discussions typiques d'une équipe professionnelle ou celles que vous engagez avec votre voisin d'à côté. Il peut s'agir de conversations très intuitives où chacun a besoin de sentir qu'il peut dire tout ce qui lui vient à l'esprit, confiant qu'il ne sera pas jugé ni critiqué. Les entretiens intuitifs avec la Conscience et le potentiel doivent transcender la pensée conventionnelle et les anciens contextes du sens des choses et de la façon de les faire. En tant qu'escorte du potentiel, vous vous associez à une force invisible. Ce qui s'avère déjà peu conventionnel pour la plupart des gens! Créez donc un espace sécuritaire où de nouveaux modes de pensée, de nouvelles bases de décision et de nouveaux styles de création peuvent être découverts.

Intention et escorte

L'intention constitue la première étape dans la transformation de l'énergie en forme. Votre intention est une structure énergétique, car la pensée est énergie. Dans la première maison, vous composez en fait avec l'intention sur deux niveaux : l'intention inhérente au potentiel — ce qui voudrait arriver —, et votre intention quant à qui vous serez et ce à quoi vous vous engagez en tant qu'escorte de ce qui voudrait arriver. De sorte que la première maison vous appelle à clarifier le potentiel fondamental au sein de votre projet pour qu'ensuite vous puissiez vous engager à le manifester.

Le processus de manifestation commence par l'identification d'un projet, d'une vision, d'un rêve ou d'un but que vous désirez mettre sur la Roue. Après quoi, vous demandez : « Qu'est-ce qui voudrait arriver ici? Qu'apporterait cette situation? Qu'est-ce que cette situation cherche vraiment à me faire voir? Qu'en est-il vraiment de mon désir? Qu'est-ce que je veux vraiment dans mon for intérieur? ». Le processus de manifestation en soi se déploie ainsi comme un dialogue intuitif prolongé avec votre projet ou votre vision, avec son potentiel et avec la Grande Conscience. Ce dialogue se poursuit tout autour de la Roue jusqu'à ce que la manifestation soit complète. À travers lui, vous continuez de suivre le potentiel, vous engageant dans sa pleine réalisation plutôt que dans un aboutissement physique spécifique. Le dialogue continu conserve toutes les possibilités d'un aboutissement qui correspond au moins à ce que vous espériez au départ et, très probablement, beaucoup mieux.

Choisissez un projet, une vision, un rêve ou un but à mettre sur la Roue. En pleine conscience de ce projet, que l'exercice suivant puisse vous aider à entamer le dialogue, « conversant » d'abord avec votre conception actuelle de votre projet ou vision, puis avec son potentiel ultime.

☞ Exercice 4 :

Découvrir le potentiel dans votre projet

Assoyez-vous d'abord confortablement, les yeux fermés, et concentrez votre attention sur votre respiration. Laissez celle-ci trouver son propre rythme naturel, aussi constant que régulier. Prenez le temps de vous établir dans votre Point de Quiétude.

Appelez à l'esprit votre projet ou vision tel que vous le concevez et imaginez-le qui flotte devant vous. Peut-être le verrez-vous, peut-être le sentirez-vous ou l'entendrez-vous, peut-être n'en ressentirez-vous que l'énergie? Peu importe comment vous le percevez. Prenez-en simplement conscience. Possède-t-il une couleur, une structure, une forme? Émet-il un son? A-t-il une texture? Un parfum ou une saveur? Comment décririez-vous votre projet sur le plan de l'énergie? Quelles sont ses caractéristiques?

Maintenant, demandez à votre projet de vous montrer ou de vous révéler son plus grand potentiel. Demandez-lui ce qui voudrait vraiment se produire. Tout en percevant le potentiel, que ressentez-vous? Quelle en serait votre description? Le potentiel est-il doté d'une couleur, d'une forme ou d'une structure? D'une texture? D'un son, d'un parfum, d'une saveur?

Demandez à votre potentiel ce qu'il requiert de vous — comment vous pourriez en être la meilleure escorte. Revendiquez ce potentiel et que votre engagement envers celui-ci soit le fondement de votre intention pour ce projet.

Maintenant, réintégrez le projet et son potentiel dans votre corps. Ressentez où il atterrit en vous. Où vit-il en vous? Connectez-vous à cet endroit dans votre corps et sachez que c'est votre point de pouvoir pour ce projet. Connectez-vous à celui-ci chaque fois que vous vous livrez à une partie du processus de la manifestation. Voilà où vit, dans votre corps, le plus grand potentiel de votre vision. Laissez ensuite ce potentiel remplir votre corps entier. Abandonnez-vous à lui et laissez-le s'emparer de vous. Devenez l'incarnation de ce potentiel. Notez comment votre énergie change. Vous sentez-vous différent? De quelle façon? Que savez-vous désormais de votre rôle en tant qu'escorte de ce projet?

Prenez le temps d'écrire dans votre journal au sujet du potentiel que vous avez découvert et de l'engagement que vous avez pris. Consignez votre expérience dans cet exercice.

Le potentiel de votre projet évoluera probablement pendant que vous faites le tour de la Roue. Tandis que le processus de la manifestation se déroule, vous et votre situation ou circonstance, vous évoluez, ouvrant la porte à un potentiel supérieur. Le potentiel qui est à votre disposition lorsque vous entrez dans la Roue repose sur où vous en êtes au départ. Ce potentiel évoluera de pair avec votre croissance et votre évolution à travers le processus de manifestation. La Roue de la Manifestation facilite l'évolution et ce, pour vous et le potentiel.

La manifestation est un processus d'émergence. Susciter et suivre le potentiel qui émerge s'avère essentiel au projet. Votre travail consiste à servir d'escorte au potentiel qui voudrait se déployer. Tandis que vous escortez ce potentiel et que vous en suivez l'énergie, des synchronicités surviendront alors que tout commence à s'arranger, menant à une synergie qui fera avancer le processus. Même après avoir créé un plan d'action dans la sixième maison, vous devez continuer à escorter le potentiel et à être guidé par lui. Le fait d'escorter doit toujours avoir la priorité sur celui de « s'en tenir au plan ». Le plan doit évoluer alors que vous continuez de comprendre ce que le potentiel vous montre. Votre rôle est d'être curieux tout en demeurant en éveil et en contact avec la façon dont l'énergie coule et le potentiel émerge.

Voir dans l'instant présent

Une fois que vous vous êtes engagé à réaliser votre projet et son potentiel, vient le temps de se concentrer sur le présent et sur qui vous devez *être* pour faire démarrer le processus de manifestation. Dans sa série télévisée de 1996, *Visionaries*, Bill Moyers disait qu'on est visionnaire « non pas parce qu'on voit l'avenir, mais plutôt l'instant présent ». Dans la première maison de la Roue de la Manifestation, on vous appelle à voir dans chaque instant présent et à être qui vous êtes appelé à être, à incarner le potentiel de votre vision afin de vous placer sur une voie de la manifestation qui apportera épanouissement et récompense.

Cet « être » est bien exprimé dans le mot japonais *kokoro*, qui signifie littéralement « mental, cœur, esprit » et qui se rapporte au perfectionnement de votre nature intérieure. Pour passer maître dans tout art, il faut d'abord parfaire une façon d'être en harmonie avec la grandeur désirée. La culture occidentale grand public accorde peu d'importance à la façon d'être de l'individu. L'accent est surtout mis sur le savoir, les compétences, les techniques et l'action. Nous demandons : « Comment vais-je faire? » ou « Quel est le plan? ». Il vaudrait peut-être mieux demander d'abord : « Comment devrais-je *être* afin de réaliser mon but? ». Qui êtes-vous en amorçant le périple de la manifestation? Et qui devez-vous être pour aller jusqu'au bout? Qui aurait et ferait tout ce que serait votre vision? Quelles sont les qualités requises pour la manifestation réussie du plus grand potentiel?

Nous avons tous des rêves et des buts. Nous ressentons l'appel d'une cause. De profonds désirs nous habitent. Nous pensons généralement vouloir accomplir ces choses à cause de ce qu'elles nous permettront de faire, des gens que nous côtoierons ou de la façon dont notre vie ou le monde changeront de quelque façon tangible. Alors qu'en vérité, nous voulons des choses à cause de qui nous *serons* et de ce que nous pensons que nous allons *ressentir* une fois la chose accomplie. S'il s'agit d'un projet de manifestation pour autrui — comme manifester un centre d'éducation communautaire dans un pays du tiers-monde —, la véritable force motrice dans le désir de le manifester est qui les membres de la communauté deviendront grâce aux dons et aux programmes du centre. C'est l'*être* et l'*émotion* que nous recherchons vraiment. Il est si facile d'être emballé par des aboutissements spécifiques, comme si la manifestation physique en soi était la réponse. La vérité est que rêves et buts sont importants, non pour ce qu'ils sont une fois réalisés, mais pour ce qu'ils représentent sur le plan énergétique et pour qui ils nous permettent d'être.

Rêves et buts vous révèlent ce qui est important pour vous ou pour la situation en tant que qualités énergétiques et émotions. La réalisation physique du rêve ou du but n'est que le véhicule grâce auquel vous pouvez être la personne que vous souhaitez être et ressentir ce que vous voudriez ressentir. C'est le véhicule pour la création du champ énergétique désiré.

L'accomplissement physique d'un rêve, la réalisation d'un but ou l'exécution d'un projet peuvent créer des changements physiques dans votre vie, mais l'aboutissement physique n'est pas ce qui vous transforme. C'est l'essence énergétique fondamentale qui se trouve au cœur de la manifestation physique qui mène à la transformation.

Manifester un nouvel emploi n'est pas ce qui transformera votre vie. C'est qui vous serez dans ce nouvel emploi, les nouvelles responsabilités que vous assumerez et les façons dont elles vous inciteront à faire de votre mieux ainsi que les nouveaux sentiments d'assurance et de confiance en soi acquis grâce à votre nouvelle position qui vous transformeront. L'emploi en soi n'est qu'un véhicule.

Développer un nouveau service pourra conférer à votre entreprise un profil supérieur pendant un certain temps, mais c'est la convergence sur le potentiel énergétique dans ce service et le profil supérieur qui en résultera qui transformera vraiment l'entreprise et apportera un succès durable à un nouveau niveau. Le profil supérieur qui vient du nouveau service durera aussi longtemps que le service même. Toutefois, le potentiel évoluera constamment tandis que vous le suivrez ; il s'avèrera donc incessant. En suivant le potentiel, votre entreprise pourra poursuivre sa spirale de succès.

Construire le nouveau centre communautaire n'est pas ce qui transformera le village. C'est ce qui arrivera dans le centre et autour de lui— le potentiel qui se déploiera — qui transformera autant les individus que la communauté et changera la vie des gens. Quand l'organisation qui parraine le centre se concentrera sur le potentiel d'impact pour la communauté et la création de nouvelles opportunités pour le public, le potentiel lui indiquera quel genre de bâtiment doit être construit et quel doit être le programme d'activités qui y sera présenté. Si elle ne se concentre que sur la construction d'un nouveau centre, l'organisation n'offrira peut-être pas les facilités requises pour tout ce qui voudrait se produire pour la communauté à travers ce centre.

Grâce à la Roue de la Manifestation, vous manifesterez certes de nouveaux aboutissements et situations. Mais, plus important encore, vous réaliserez votre potentiel supérieur. Vous vivrez la transformation grâce au processus de la manifestation. Et c'est bien de cela qu'il s'agit en dernière analyse.

Transformation et croissance

Croissance et transformation doivent s'extérioriser. Posséder des biens ou faire des choses ne feront pas de vous la personne que vous désirez être ni ne vous mèneront à votre ultime potentiel. Vous devez vivre intérieurement ce potentiel pour qu'il se manifeste à l'extérieur. Être la personne que vous êtes appelée à devenir dans votre plus grand potentiel vous permettra de faire et d'avoir tout ce qui accompagne cette façon d'être.

La Roue de la Manifestation vous montre comment rester concentré sur l'énergie. Elle vous aide à laisser le potentiel vous guider et à laisser l'aboutissement ultime se révéler à travers ce processus. Elle vous appelle aussi à incarner le potentiel — à le devenir, à le vivre. Voilà l'idée derrière la réintégration du potentiel dans votre corps au cours du dernier exercice (voir page 54). C'est une étape décisive dans le processus de la manifestation. Elle s'avère essentielle à l'incarnation du potentiel afin que le plus grand alignement d'énergie survienne. La première maison de la Roue de la Manifestation vous incite à *être* le potentiel que vous voulez manifester, devenant ainsi un aimant qui attire tout le nécessaire.

Une fois cette attraction amorcée et la manifestation réussie, vous devez comprendre comment vous y êtes parvenu si vous voulez poursuivre ce succès. Répétez ensuite ce *pattern* encore et toujours. La sagesse conventionnelle voit cette voie du succès comme une série d'étapes dans l'action. Toutefois, l'action n'est qu'une partie de l'équation, car vos pensées sont encore plus importantes que vos actions. Il importe de reconnaître les modes de pensée qui vous ont conduit au succès, puis d'en faire une habitude. Ce qui requiert de la discipline. Mais celle-ci peut apporter une nouvelle liberté, d'où une plus grande maîtrise dans tout ce que vous faites. C'est comme la danse. Il faut d'abord être assez discipliné pour en apprendre les pas. Après quoi, vos mouvements seront de plus en plus libres à force de les répéter. Grâce à cette liberté, vous commencerez à créer de nouveaux et merveilleux pas variés. Et vous vous adapterez facilement à vos nouveaux partenaires de danse. Bientôt passé maître dans un style particulier de danse, vous vous approprierez cet art de façon unique. Il en est également ainsi pour le yoga, les arts martiaux et les sports.

Toute maîtrise commence par la discipline, qui apporte la liberté, et celle-ci la maîtrise. Dans la musique, la danse, le théâtre ou le sport, la plus haute forme d'improvisation libre repose sur la maîtrise parfaite d'une technique solide et de la perception de tout ce qui se passe autour de vous et en vous. Cette technique et cette perception ne se développent qu'en disciplinant pensées, intentions et choix.

On peut en dire autant pour le processus de la manifestation. La maîtrise commence par l'accès au potentiel — ce qui voudrait se produire —, suivi de la discipline de la pensée afin que vous restiez concentré sur ce potentiel. Cette concentration développe votre technique, laquelle entraîne la liberté de tout créer. Vous devenez alors maître de votre destinée et de l'art de la manifestation. Vous commencez dès lors à manifester votre vie plutôt que d'être la manifestation de celle-ci.

Quand quelqu'un devient un expert en manifestation, on dira souvent qu'il est simplement chanceux. Deepak Chopra définit la chance comme « l'état de préparation conjugué à l'opportunité ». Dans l'introduction du présent ouvrage, je définis la manifestation comme un produit naturel et même « quelque peu prévisible » de vos pensées, croyances, décisions et actions. Je dis « prévisible » parce que vous exprimez une intention précise, vous alignez pensées, croyances, décisions et actions, en plus d'être prêt lorsque l'occasion se présente.

De telles occasions existent tout autour de vous. Quand vous avez une perception aussi pénétrante qu'intuitive de votre environnement et de vos interactions, vous en prenez note. La préparation joue un rôle important dans cette perception pénétrante. Si vous êtes préparé à ces occasions et que vous les attendez même, vous les remarquerez lorsqu'elles se présenteront. Sinon, vous les laisserez échapper. Vous ne reconnaîtrez peut-être pas toujours ce qu'elles signifient exactement, ce qu'elles apportent ou dans quel inconnu vous vous aventurez. Toutefois, vous devez être prêt à prendre une chance et espérer que le potentiel aboutira au mieux. Après tout, telles sont votre intention et l'énergie que vous avez mis en branle.

Choix et convergence

Se préparer aux occasions consiste en partie à faire des choix précis. Pour manifester une vision, il faut la choisir. Si vous voulez manifester beaucoup d'argent, vous devez d'abord choisir d'en avoir beaucoup. Si vous désirez manifester plus de temps avec les personnes importantes dans votre vie, vous devez avant tout choisir d'avoir du temps. Si vous voulez aider plusieurs personnes ou voyager beaucoup, il vous faut déjà choisir de le faire. Quoi que vouliez dans votre vie ou que vous vous sentiez appelé à faire ou à avoir, il s'agit d'abord de choisir. Là encore, l'alignement de l'énergie incarne le facteur décisif. La Maison de l'Intention, voilà où tout commence. C'est là que les Lois de Vibration et d'Attraction entrent en jeu. Faites-les travailler pour vous. Faites des choix précis, accompagnés d'intentions bien arrêtées, et disciplinez vos pensées afin de les concentrer sur le potentiel de votre vision pleinement manifestée.

En se concentrant sur le potentiel d'une vision, on se concentre sur son essence — la semence intérieure qui désire se développer de la meilleure façon possible. Accéder à votre essence ouvre l'accès à votre âme, source de votre véritable passion. L'âme est cette force vivifiante intérieure, cette partie de vous qui participe de la même nature que la Grande Conscience, la source de votre sagesse, créativité, intuition et innovation. Votre âme est unc énergie colossale et expansible qui voudrait expérimenter sans fin sa grandeur, refusant de s'investir dans moins que ça. Elle a besoin de savoir, de croissance et de transformation.

Michel-Ange disait que le pire danger qui nous guette n'est pas le fait de viser trop haut et de manquer la cible, mais plutôt de viser trop bas et d'atteindre la cible. En vous plongeant dans votre projet de la manifestation, visez haut. Trop souvent, je vois des gens qui sont habités d'une vision altière, mais qui se contentent d'une petite partie de celle-ci. Ils tiennent un beau discours – ils disent viser haut –, mais leurs pensées et leurs actions révèlent qu'ils ne prennent aucun risque. En réalité, ils visent bas. Ils me décrivent leur vision altière et la vie extraordinaire qu'ils pourraient vivre ou l'incroyable potentiel qu'ils voient. Mais dès que vient le temps d'agir, ils voient moins grand et visent moins haut. Ils ne se forcent jamais à aller au-delà de qui ils sont sûrs de pouvoir être et de ce qu'ils sont certains de pouvoir faire et avoir. Quelque chose en eux veut s'assurer de ne pas être déçus. Chaque fois qu'ils visent bas, leur âme est écartée et un petit peu de leur esprit meurt. Résultat : déception ou insatisfaction chronique. Ils laissent constamment passer des occasions de s'approcher de leur ultime potentiel. Quand vous visez haut, même si vous ratez la cible, votre âme n'en est pas moins exaltée. Votre esprit demeure très vivant, car vous continuez à grandir.

Vous ne pouvez être déçu que lorsque vous êtes attaché à un aboutissement spécifique. Si vous vous êtes investi dans le processus – l'apprentissage, la découverte, la croissance et la transformation qui peuvent s'opérer alors que vous cheminez vers votre but –, et que vous êtes prêt à laisser le potentiel manifester son aboutissement ultime, il est davantage possible que gains et satisfaction résultent du processus. Tous les buts ou rêves ne se réaliseront pas entièrement comme vous les avez imaginés au départ. Cependant en suivant le cheminement de la manifestation, vous apprendrez, vous vous dépasserez, vous grandirez, et de précieuses opportunités vous seront offertes. Sans oublier les merveilleux dons qui peuvent aboutir à votre vision et ce, de façon étonnante parfois.

Visez haut par conséquent! Brisez votre attachement à un aboutissement et investissez-vous dans le potentiel et le cheminement.

Avant de quitter la première maison, déclarez votre intention et engagez-vous personnellement dans le voyage de la manifestation. L'exercice suivant vous donnera un aperçu de ce processus. Accordez-lui le temps qu'il faudra. Vous établissez les bases de la manifestation de votre vision. Rien ne tient longtemps sans une base solide. Prenez donc votre temps. Vous en serez récompensé à long terme.

☞ Exercice 5 :

Déclarer votre intention

Il est maintenant temps de créer vos déclarations d'intention et d'engagement. Commencez par répondre aux questions suivantes :

1. Quel est le projet, le but, le désir ou la vision que vous placez sur la Roue?
2. Quel est le plus grand potentiel pour ce projet ou vision?
3. Quelles sont les caractéristiques de la personne qui manifesterait pleinement ce potentiel?
4. Qui vous engagez-vous à être à travers ce processus de manifestation?

Rédigez maintenant votre déclaration d'intention. Celle-ci doit être aussi courte que possible tout en demeurant claire. Quelques mots bien choisis dans une déclaration formulée avec soin s'avère plus percutante qu'un énoncé incohérent trop détaillé. Trouvez les mots qui communiqueront une vue d'ensemble on ne peut plus claire. N'étant destinée qu'à vous, cette déclaration n'a à être claire que pour vous. Que les mots soient aussi puissants que dynamiques à vos yeux, voilà tout ce qui importe. Vous pouvez d'abord écrire un paragraphe ou plus sur votre intention, puis le condenser de la façon suivante :

Projet/Vision/But :

Potentiel :

Engagement :

Quand vous amorcez un nouveau projet que vous jugez important, vous ressentez généralement beaucoup d'excitation et d'enthousiasme — et parfois une certaine réticence ou appréhension. Votre énergie alimente votre voyage de la manifestation (vous en apprendrez plus dans la troisième maison) ; elle doit donc être entretenue et protégée. Certaines personnes de votre cercle vous seront d'un grand soutien et reconnaîtront l'importance que ce projet revêt pour vous. Cependant, d'autres n'y comprendront rien. Ils pourraient se sentir menacés de quelque façon par votre engagement dans ce projet ou mal accepter l'importance que vous lui accordez. Tout cela pour vous dire que tous ne vous appuieront pas nécessairement dans votre voyage de la manifestation. Faites donc attention à ce que vous partagez avec autrui. Si vous parlez à quelqu'un dont vous savez qu'il vous appuiera, n'hésitez pas à lui en faire part. Son énergie viendra alimenter l'élan. Mais si vous doutez de sa réaction, mieux vaut peut-être garder vos plans et vos idées pour vous. Ne partagez votre projet qu'avec ces personnes dont vous savez qu'elles vous offriront l'appui et l'encouragement qu'il vous faut.

Votre environnement physique s'avère tout aussi important que votre environnement émotionnel pour que s'accomplisse votre projet. Passez du temps dans des lieux qui favorisent votre sentiment de paix et de croissance ainsi que dans ceux qui offrent tout ce dont vous auriez besoin pour manifester votre vision.

L'intention déclarée ici est telle que vous l'entendez maintenant. Elle pourrait — en fait c'est souvent le cas — changer ou évoluer alors que vous faites le tour de la Roue. Voilà un des dons de cette Roue : elle aide à clarifier ce que vous voulez vraiment manifester de même que ce qui illumine votre vie ou une certaine période de celle-ci. Il n'est donc pas inhabituel de ressentir que votre intention change alors que le potentiel se déploie à travers les maisons de la Roue. Rappelez-vous que vous escortez du potentiel et non des aboutissements spécifiques. Si le potentiel se met à vous montrer du neuf, soyez attentif et réagissez en conséquence.

Votre voyage de la manifestation a commencé.

Chapitre 4

MAISON nº 2 : PAIX

Réglez les conflits, affrontez les peurs, dissipez la résistance.
Réconciliez-vous avec votre intention, avec son potentiel
et avec les résultats éventuels.
Laissez aller le passé.
Assurez-vous que votre projet est en harmonie
avec vos valeurs personnelles.

La Roue de la Manifestation vous invite à l'exploration et à la découverte de soi afin d'aligner vos pensées, vos croyances, vos choix et vos actions. Elle vous invite à une connaissance approfondie de soi. Nous avons parlé de l'importance d'aligner pensées, croyances et actions sur le projet et son potentiel, mais il existe un autre alignement — peut-être le plus important — que nous n'avons pas encore mentionné. Votre projet, son potentiel et toutes les mesures que vous prendrez en vue de sa manifestation doivent aussi être en harmonie avec votre âme, votre essence, votre vérité personnelle, la partie la plus fondamentale de votre être. Quand vous pensez à votre projet ou votre vision, vous devez ressentir un heureux pressentiment. Si vous avez des doutes, si vous vivez des nuits agitées ou si vous vous sentez mal à l'aise avec quelque partie du projet, c'est qu'il y a quelque chose qui cloche.

Bien que la paix intérieure soit déterminante dans le processus de manifestation (nous consacrons une grande partie du présent chapitre à la façon d'acquérir la paix intérieure), la deuxième maison vous invite aussi à veiller — au-delà de votre projet — à vos rapports avec votre famille, vos amis, vos collègues, avec les autres organisations et le monde entier. Certes, tout conflit avec la vision même, son potentiel ou son processus vous handicapera. Pour donner le maximum de votre énergie et de votre attention à un projet de la manifestation, vous devez être en paix avec tous les domaines de votre vie. Les problèmes non résolus enlèvent de l'énergie à votre projet. Vous serez incapable d'être entièrement présent au processus si une partie de vous se polarise sur des problèmes non résolus.

Il importe de noter que la paix n'est pas l'absence de conflit, mais plutôt votre réaction au conflit. Défis et conflits font partie intégrante de la vie. En leur absence, il ne saurait être question de croissance. Il n'y aurait rien pour vous mettre directement devant ces parties de vous-même qui sont prêtes à être transformées. Or, il est possible d'être entouré de conflits et de défis tout en demeurant en paix au plus profond de soi. Vous ne pouvez peut-être pas choisir chaque situation ou circonstance de votre vie ni changer ce qui se passe autour de vous à chaque instant, mais vous pouvez choisir qui vous êtes dans chaque situation ou circonstance. Vous pouvez choisir d'être gagné par l'intensité de ce qui se passe autour de vous ou vous pouvez rester au-dessus de la situation pour l'observer d'un angle supérieur, puis choisir en toute conscience comment et à quel niveau vous vous impliquerez.

Comment faire? Une façon serait de prendre conscience de ce que Doc Childre, le fondateur du Institute of HeartMath et auteur de *The HeartMath Solution,* appelle l'énergie du « cœur supérieur » et l'énergie du « cœur inférieur ». Toutes deux plongent leurs racines dans l'amour et l'affection. Que vous réagissiez à une situation d'un angle de cœur supérieur ou inférieur, vous en êtes probablement là parce qu'un problème vous interpelle, parce qu'un aboutissement suscite intérêt ou investissement de votre part ou parce que vous tenez profondément à une personne concernée. Il existe cependant une grande différence entre les deux réactions. La réaction du « cœur inférieur » est enracinée dans la sympathie, l'empathie, le soutien et la codépendance; la réaction du « cœur supérieur » prend sa source dans la compassion, l'amour inconditionnel et une vision supérieure de la situation.

Lorsque vous baignez dans l'énergie du cœur inférieur, vous êtes automatiquement attiré dans l'intensité de la situation. Votre réaction est motivée par votre besoin personnel de voir les choses se « rectifier » même si vous vous dites vous soucier surtout des autres ou de la situation. En étant dans l'énergie du cœur supérieur, vous pouvez transcender l'aspect dramatique de la situation et vos préférences personnelles pour voir plus clairement ce qui favorise le potentiel optimal dans cette situation. Observateur compatissant, vous pouvez prendre du recul, observer et évaluer vraiment les événements plutôt que les différents angles sous lesquels on présente la situation ou les versions qu'en donnent les protagonistes. Vous pourrez alors faire des choix précis quant à la façon dont vous interviendrez si vous décidez de le faire. Quand c'est le cœur supérieur qui vous motive, vous êtes maître de vos actions comme de vos émotions. Quand vous glissez vers l'angle du cœur inférieur, vous troquez une réaction consciente contre une réaction inconsciente.

Le centre énergétique du cœur supérieur est situé dans la région supérieure du sternum, à mi-chemin entre le centre de votre poitrine et la base de votre cou. Le centre du cœur inférieur, lui, se trouve juste au-dessous du centre de la poitrine et juste au-dessus du plexus solaire. Plusieurs peuvent apprécier la différence entre ces deux énergies en prenant simplement quelques respirations, d'abord à travers un centre, puis à travers l'autre. Prenez quelques instants pour faire l'exercice suivant et vivre vous-même cette expérience.

☞ Exercice 6 :

Utiliser les énergies cœur supérieur / cœur inférieur

Fermez les yeux et respirez aussi pleinement que profondément, remplissant d'air votre corps entier. Continuez de respirer et imaginez le souffle entrant par le centre de votre cœur inférieur, descendant autour de la base de votre sternum entre le centre de votre poitrine et votre plexus solaire.

Après quelques instants, imaginez plutôt le souffle entrant par le centre de votre cœur supérieur, dans la région supérieure du sternum entre le centre de votre poitrine et la base de votre cou. Continuez de respirer aussi pleinement que profondément. Ne changez que l'entrée imaginaire de l'air.

Notant la différence d'impression entre les deux souffles, inférieur et supérieur, prenez le temps d'écrire vos impressions dans votre journal.

La plupart ressentent la respiration du cœur supérieur comme étant plus ouverte et expansible tandis que la respiration à travers le cœur inférieur semble plus restrictive. Cependant, si vous êtes habitué à vivre dans l'énergie du cœur inférieur, la respiration inhérente à celui-ci peut vous paraître plus confortable du seul fait que vous y êtes accoutumé.

Dans les jours qui suivront, soyez attentif aux périodes de réaction consciente et à celles où vos réactions s'avèrent inconscientes — quand vous abordez les situations d'un angle du cœur supérieur ou inférieur. Ceci rehaussera votre perception. De sorte que la prochaine fois que vous serez face à un défi, votre choix sera plus clair. Dès que vous vous sentirez gagné par l'intensité de la situation, respirez consciemment par le centre du cœur supérieur, remplissant ainsi tout votre corps de souffle vital. Respirez jusqu'aux orteils, puis expirez par le plexus solaire. Poursuivez ce mode de respiration pendant plusieurs minutes et vous vous sentirez de plus en plus calme. Vous sentirez aussi votre point de vue changer.

Cette technique respiratoire favorise la clarté et la paix devant la plupart des défis. Je ne prétends pas qu'il s'agit ici d'une solution magique : « Il suffit d'avoir d'agréables pensées tout en soufflant sur le point magique, et tout ira pour le mieux. » Elle n'en demeure pas moins un très puissant point de départ. La recherche à l'Institute of HeartMath de Boulder Creek, en Californie, confirme de façon dominante la valeur de cette technique simple.

Se réconcilier avec les défis du monde extérieur est certes important, mais la paix intérieure représente un plus grand défi encore pour plusieurs. Et rien de tel que d'affirmer clairement une intention et de prendre de sérieux engagements dans la manifestation de celle-ci pour appeler sur le terrain vos doutes, vos craintes et vos résistances. L'affirmation des intentions et les engagements sont des appâts cruellement tentants pour toute partie de vous qui ne serait pas entièrement d'accord avec votre vision ou ne croirait pas qu'elle puisse se réaliser. Quoique difficile pour l'instant, c'est une bonne chose en réalité. Trop souvent, nous ne pouvons pas faire avancer ce que nous savons devoir vraiment se produire parce que nous ne comprenons pas ce qui fait obstacle. Ainsi, lorsque doutes, craintes et résistances se révèlent, c'est un cadeau du ciel, qui nous permet de résoudre le mystère. Nous savons désormais où est le problème.

L'âme et l'ego

Le chapitre un traitait de l'âme et de l'ego ainsi que du fait que nous sommes un pont entre le plan physique à trois dimensions et le plan non physique de la Conscience. En y regardant de plus près, ces deux aspects fondamentaux de votre être expliciteront peut-être la raison d'être des conflits intérieurs tout en y apportant une solution.

L'âme incarne votre essence énergétique. Elle opère dans le cadre plus élargi du mental intuitif, qui fait lui-même partie de la Grande Conscience. L'âme vit simultanément dans votre corps physique et sur le plan non physique. Existant avant votre naissance, l'âme était également présente en vous lorsque vous étiez un bébé, puis un enfant et un adolescent. Elle habite toujours en vous aujourd'hui et ce, jusqu'à ce que sonne votre dernière heure. Elle continuera d'exister bien au-delà de cette vie. C'est la vérité absolue de votre être, la force vivifiante fondamentale qui vit en vous. L'énergie de l'âme est aussi colossale qu'inépuisable. Voyant et saisissant la vue d'ensemble de la vie, elle veut connaître et expérimenter sa grandeur. Création et manifestation constituent son état naturel. Aussi a-t-elle besoin d'exploration, de découverte, de croissance et de transformation pour s'épanouir.

L'ego, par contre, est cet aspect de votre conscience qui se rapporte à votre corps physique, à votre personnalité, vos talents et compétences — tous ces aspects de votre être reliés au monde physique. Son rôle principal consiste à garantir votre survie; il requiert donc sûreté, sécurité et garanties. Ne fonctionnant que dans le monde visible, il n'accède qu'au mental rationnel ou l'intellect et aux cinq sens externes. Il n'a conscience de rien au-delà du monde évident, tridimensionnel. On critique souvent l'ego pour ses « mauvais choix », sa vision étriquée, son arrogance ou son égoïsme. Pourtant, quand on considère que son rôle premier est d'assurer votre bien-être et votre survie, on réalise que — de son point de vue — il ne fait que son travail. Quand l'ego résiste, qu'il devient égocentrique ou qu'il cherche à jouer les despotes, il ne fait que ce que — de son point de vue limité — il perçoit comme nécessaire pour assurer votre survie et votre succès ultime dans le monde physique.

Du point de vue de l'ego, le succès est synonyme d'avoir le dessus, de rester maître de la situation et de posséder le plus possible afin que rien ne puisse menacer son pouvoir. Il est enraciné dans la mentalité de « la survie du plus apte ». Du point de vue de l'âme, par contre, le succès signifie réaliser son potentiel de croissance et de transformation — un but imprégné d'amour et de la compréhension que nous sommes tous connectés et que nous servons le bien souverain.

L'ego sait comment fonctionne le monde physique. Il connaît tout des règles et des structures du quotidien, car elles sont toutes conçues par l'ego pour créer un espace où nous pouvons tous cohabiter dans une harmonie relative. Son savoir ne repose cependant que sur l'expérience directe : ce qu'il a observé et expérimenté de première main. En ce qui le concerne, ce qu'il n'a jamais connu n'existe tout simplement pas ou relève de l'impossible. Ne sachant rien des vastes sphères, aussi invisibles qu'immatérielles, de la Conscience, l'ego fera le nécessaire pour s'assurer que vous restiez dans un environnement qu'il juge prévisible, sécurisant et sécuritaire.

L'âme, elle, est dans son élément dans l'immensité du potentiel et de la possibilité. Aimant explorer de nouveaux domaines autant que l'inconnu, elle ne connaît néanmoins rien des règles et des structures de la vie quotidienne. Sans l'ego comme composante physique de l'être, votre âme ne pourrait rien accomplir dans la sphère physique. Même si elle caresse des rêves fabuleux, elle ne peut les manifester d'elle-même. L'ego est la force d'enracinement dont l'âme a besoin pour créer et réaliser dans l'univers physique. L'ego, lui, a besoin de l'âme pour avoir une vue d'ensemble.

Quand on se met à parler de manifester du nouveau et de s'engager à ce qu'on n'a jamais été ou fait avant — au moins à ce niveau —, l'ego peut se révolter. L'âme dit : « Oui! Allons-y! » L'ego dit : « Es-tu folle? Ne vois-tu pas ce qui pourrait arriver? Ne vois-tu pas le risque? ». Alors, vous êtes coincé. C'est comme essayer de conduire un véhicule sans ôter le frein à main tout en se demandant pourquoi on ne va nulle part. La révolte de l'ego peut prendre la forme de craintes, de doutes, de résistances ou, dans les cas les plus extrêmes, d'un refus absolu de coopérer. Soit qu'il ne croit pas que ce vous dites vouloir faire soit possible, soit qu'il ne comprend pas comment la chose serait possible. Il se peut que l'expérience du passé lui dise qu'une telle entreprise s'avère risquée.

L'ego n'aime pas la notion de potentiel et l'idée de s'ouvrir à l'aboutissement optimal. C'est trop imprévisible pour lui. Il veut décider de l'aboutissement, puis s'assurer qu'il sera réalisé. Ne laissant aucune place à l'erreur ou au hasard, l'ego exige des garanties. Il est d'ailleurs prêt à se battre pour se rendre maître de chaque étape du processus. Le contrôle ne fait toutefois pas partie du vocabulaire de l'âme, qui opère à travers la synergie et la synchronicité — des énergies qui s'unissent de façon extraordinaire et qui conduisent à des résultats que vous n'auriez probablement pas pu produire, mais qui ne vous étonnent pas pour autant. Tandis que l'âme comprend tout à fait le processus de manifestation et s'y fie, l'ego ne peut en imaginer les rouages.

Dans la deuxième maison, il faut concilier l'âme et l'ego. Plusieurs enseignements critiquent l'ego pour sa contre-performance, laissant entendre ainsi que l'ego et l'âme doivent se réconcilier. Certains préconisent même qu'on se débarrasse entièrement de l'ego. Cependant, la réconciliation ne s'amorce vraiment que lorsque l'âme embrasse l'ego, l'aimant et le nourrissant comme un bon parent ferait avec son enfant apeuré. Dès que l'ego réalise qu'on s'occupe de lui, qu'on ne laisse pas se débrouiller tout seul, qu'il dispose d'un allié et d'un support pour le voyage et qu'il ne sera pas mis en péril, il se laissera plus facilement convaincre. Avec le temps et plusieurs projets de manifestation, l'ego sera plus à l'aise avec le processus d'escorte du potentiel et il pourra avoir confiance en l'âme. Plus vous ferez de la manifestation votre mode de vie, plus l'ego se familiarisera avec ce processus et moins il se sentira menacé. Laissé à lui-même, l'ego reprend ses anciennes habitudes; en tandem avec l'âme, il reconnaît en elle une alliée, une amie et un guide. En fait, plus l'ego sera à l'aise avec le processus, plus il s'en remettra au leadership de l'âme. C'est alors que naîtra votre plus puissant partenariat intérieur.

Alors que l'ego s'abandonne à l'âme, il se transforme d'une énergie craintive — luttant pour sa survie et pour garder le contrôle — en les mains et pieds métaphoriques de votre âme, comme si celle-ci était le capitaine d'un vaisseau et l'ego, son équipage, aussi compétent que plein de bonne volonté. Grâce à cette manifestation, votre ego s'épanouit en splendeur, réalisant son plein potentiel en tant que partenaire, non seulement dans la puissante cocréation et manifestation de votre vie, mais aussi dans la réalisation des dons que vous partagerez avec le monde. Ce partenariat âme/ego vous fera vivre le premier niveau de cocréation. Celle-ci doit exister en vous — ego et âme créant ensemble — avant de pouvoir créer efficacement avec autrui et avec la Conscience.

Vous n'êtes peut-être pas habitué à penser ainsi au sujet de l'ego. Or, si vous voulez passer maître dans l'art de manifester l'ultime potentiel dans toute situation ou circonstance — et en fait de vivre votre plus grand potentiel personnel —, il faut avoir la vision élargie de l'âme servie par votre puissant et superbe ego. Vivre dans le cadre d'un tel équilibre fait non seulement partie essentielle de votre voyage de manifestation, c'est aussi une composante fondamentale de la paix intérieure.

Prenez le temps de faire l'exercice suivant pour amorcer votre partenariat âme/ego.

☞ Exercice 7 :

Initier votre partenariat Âme/Ego

Fermez les yeux et concentrez-vous sur votre respiration, laissant celle-ci trouver son propre flot naturel, aussi constant que régulier. Ne cherchez pas à la manipuler — laissez-la simplement trouver son propre rythme naturel. Prenez votre temps.

Laissez s'envoler toute notion préconçue de ce que votre expérience devrait être et imaginez votre âme flottant devant vos yeux. Comment vous apparaît-elle? Possède-t-elle une forme ou une couleur? Une texture? Émet-elle quelque son? Possède-t-elle un parfum ou une saveur? Quelle impression s'en dégage? Comment décririez-vous votre âme sur le plan de l'énergie? Quels en sont les attributs?

Demandez à votre âme de vous révéler sa plus grande force. Demandez-lui ensuite ce qu'elle pense de votre projet de manifestation. Que veut-elle vous dire concernant ce projet?

Imaginez que votre âme réintègre votre corps en flottant. Où s'y établit-elle? Comment expérimentez-vous sa présence en vous? Prenez un instant pour vous habituer à cette impression et cette expérience.

Quelle est votre impression globale en vous établissant dans votre âme? Notez la qualité de votre respiration : est-elle profonde ou superficielle, tendue ou détendue? Comment expérimentez-vous votre énergie une fois établi dans votre âme?

Après quelques instants dans votre âme, faites une pause pour noter vos pensées ou vos impressions dans votre journal.

Revenez à votre respiration et prenez le temps nécessaire pour vous assurer qu'elle soit égale, régulière et détendue. Puis, prenez conscience de votre ego et imaginez-le flottant devant vos yeux. Rencontrez votre ego comme si c'était la première fois. Comment vous apparaît-il? Possède-t-il une forme ou une couleur? Une texture? Émet-il quelque son? Possède-t-il un parfum ou une saveur? Quelle impression s'en dégage? Comment décririez-vous votre ego sur le plan énergétique? Quels en sont les attributs?

Demandez à votre ego de vous révéler sa plus grande force — comment il peut vraiment vous servir le mieux. Demandez-lui ensuite ce qu'il pense de ce projet de manifestation. Lui manque-t-il quelque chose pour qu'il se sente en sécurité par rapport à ce projet? S'il est évident qu'un problème doit être abordé, prenez le temps de poser des questions et de converser avec votre ego pour explorer le problème. Soyez curieux, gentil et compatissant afin que votre ego ait un espace sécuritaire dans lequel il pourra exprimer ses besoins.

Une fois que l'ego se sent en sécurité, demandez-lui comment il veut exprimer sa force et sa splendeur à travers ce projet de la manifestation.

Imaginez que votre ego réintègre votre corps en flottant et notez où il s'y établit. Comment expérimentez-vous sa présence en vous? Prenez un instant pour vous habituer à cette impression comme à cette expérience.

Quelle est votre impression globale en vous établissant dans votre âme? Notez la qualité de votre respiration : est-elle profonde ou superficielle, tendue ou détendue? Comment expérimentez-vous votre énergie une fois établi dans votre ego? Sans juger laquelle serait supérieure, considérez seulement comment cette impression est différente de celle qui a été ressentie quand vous êtes établi dans votre âme.

Prenez un instant pour noter vos pensées ou vos impressions dans votre journal.

Maintenant, oubliez un peu votre ego et respirez à nouveau dans votre âme. Permettez-lui de se déployer jusqu'à remplir votre corps entier. Imaginez que votre corps est creux et que chaque partie de cet espace vacant est rempli par votre âme. Laissez ensuite votre ego se déployer pour remplir et servir votre âme. Notez comme votre énergie change. Comment vous sentez-vous? Qu'expérimentez-vous? L'ego au service de l'âme.

Maintenant, pour un seul instant, revenez à la séparation de votre âme et de votre ego, l'un comme l'autre étant situé dans une partie différente de votre corps. Allez d'abord vers votre âme, distincte de l'ego. Respirez dans votre âme et enracinez-vous là — seulement dans votre âme. Notez ce que vous ressentez — comment vous expérimentez l'âme seule sans l'ego. Puis quittez votre âme pour un instant et enracinez-vous dans l'ego seul. Notez ce que vous ressentez — comment vous expérimentez l'ego seul sans l'âme.

Enfin, reprenez conscience de l'âme, déployez-la jusqu'à ce qu'elle remplisse tout votre corps, puis déployez l'ego afin qu'il habite et serve votre âme — l'âme et l'ego en partenariat ensemble. Que ressentez-vous? Comment expérimentez-vous cela?

Tout en étant parfaitement honnête avec vous-même, considérez où vous vivez la plupart du temps. Dans l'ego seul? Dans l'âme seule? À quelque niveau de partenariat? Que vous apprend cette expérience? Comment votre sentiment de paix intérieure a-t-il changé alors que l'âme et l'ego devenaient des partenaires dynamiques? Prenez le temps de noter votre expérience dans votre journal.

La paix intérieure règne quand il n'y a aucun endroit en vous que vous ayez peur de visiter. C'est-à-dire quand vous acceptez tous les aspects de l'être – les parties que vous aimez et celles que vous n'aimez pas. Craintes, doutes et résistances sont généralement des manifestations de l'ego, de ces parties en vous qui ont besoin d'être entendues. Quand vous leur donnez la chance d'exprimer craintes ou soucis, quand vous honorez ces sentiments tout en restant compatissant et affectueux, la plupart de ces inquiétudes peuvent être dissipées. Quand vous les ignorez, ces craintes et ces doutes couvent dans votre subconscient. Avec le temps, il faut toujours plus d'énergie de votre part pour les tenir en échec – pour vous en protéger. Ces peurs et ces doutes gagnent en pouvoir sur votre vie en vous empêchant d'accorder toute votre attention, toute votre énergie, à autre chose. Toutefois, lorsque vous les regardez dans les yeux et les enrôlez, vous reprenez ce pouvoir. Vous commencez à diriger l'énergie dépensée pour votre protection personnelle vers la confrontation des craintes, la dissipation des doutes et l'affranchissement personnel de la résistance. Un ami me conseillait d'« inviter le dragon à prendre le thé ». Traitez vos craintes et vos doutes comme des invités d'honneur. Sortez votre plus belle porcelaine, votre meilleur thé et ces chocolats belges que vous réserviez pour une occasion spéciale. Établissez-vous dans votre âme comme vous avez appris à le faire dans le dernier exercice et discutez avec la peur ou la résistance à laquelle vous en êtes en proie. Vous pouvez même faire flotter la résistance devant vos yeux si cela facilite la discussion. Utilisez l'exercice plus haut comme modèle, que vous adapterez pour favoriser les discussions que vous devez engager avec vous-même. Reprencz votre pouvoir et voyez votre paix intérieure se consolider.

Se réconcilier avec le changement

Par sa nature même, la manifestation apporte le changement. Si le changement vous déstabilise, voilà un autre domaine avec lequel vous devez vous réconcilier. Laissé à lui-même, l'ego résistera au changement, car de son point de vue, celui-ci est synonyme de risque et d'incertitude. Comme vous risquez d'être incapable de contrôler tout ce qui se passe alors, l'ego se sent très déstabilisé tandis que l'âme ne s'apercevra peut-être de rien. L'âme comprend que le potentiel doit trouver son chemin. L'ego, lui, veut lui dire où aller. La deuxième maison de la Roue vous demande donc de vous réconcilier avec le changement — en fait, de l'accueillir avec joie. Quand vous vous voyez résister au changement, ayez une conversation avec cette résistance comme nous l'avons fait dans l'exercice avec l'âme et l'ego. Faites flotter le changement devant vous et dialoguez. Soyez aussi curieux que compatissant. Demandez au changement ce qu'il vous apporterait ainsi que la meilleure façon pour vous de l'embrasser. Cherchez la source de votre inconfort et déterminez ce qu'il faudrait pour qu'il épouse le changement et passe à la prochaine étape.

Quand vous rencontrez de la résistance ou des blocages dans la réalisation de vos objectifs, il est facile d'y voir là un ou des signes que vous faites fausse route. Il est vrai que parfois blocages et résistance intérieure indiquent vraiment qu'il faut s'arrêter ou changer de direction. Mais le plus souvent, ils sont là pour vous aider à renforcer votre détermination. Ils vous donnent des occasions de revendiquer votre vision de façon plus entière, de vous engager à un autre niveau.

Comment faire la différence? Pour l'instant, vous ne disposez peut-être que de votre intuition pour ce faire. Comment savoir quand vous pouvez vous y fier? Quand la voix que vous entendez ou l'impression que vous recevez dit vrai, son message sera accompagné d'un sentiment d'expansion. Celui-ci peut être de nature subtile. Vous pourriez noter que vous respirez plus facilement ou ressentir une plus grande ouverture au niveau de votre corps. Quelque chose sur le plan physique vous dira que vous êtes sur la bonne voie. Si la voix ou l'impression vous ment, vous pourriez noter une plus grande tension corporelle. Votre respiration pourrait devenir plus superficielle, plus angoissée. Vous aurez peut-être le sentiment d'être confiné à un espace restreint. Il s'agit là de sensations très générales, mais je les considère assez universelles. Pratiquez-vous à écouter et à suivre votre intuition quand l'enjeu n'est pas trop élevé. Soyez alors attentif aux sensations et aux messages que vous communique votre corps. Plus vous pratiquerez et serez attentif, plus vous apprendrez le langage de votre corps et sa façon de communiquer. Notre corps nous envoie constamment des signaux. Il faut simplement apprendre à les décoder et à s'y fier.

Trouver la paix intérieure peut exiger qu'on se permette de pleurer une perte. Qu'elle soit récente ou qu'elle appartienne au passé, vous n'avez peut-être pas entièrement fait la paix avec cette perte. Trop souvent, après une perte, nous nous replongeons dans nos routines et nos responsabilités sans prendre le temps de pleurer comme il se doit. Ou encore, nous devenons obsédés par notre travail et nos responsabilités dans un effort pour masquer notre douleur. Se permettre de pleurer et de faire le deuil d'une perte fait partie du voyage de paix intérieure associé à la deuxième maison.

La réconciliation demande parfois qu'on fasse le deuil d'une relation, d'une habitude, d'une croyance ou d'un rêve. Une fois que vous vous êtes engagé dans ce sens, il semble souvent qu'il faille néanmoins traverser une période éprouvante où vous serez tenté, de toutes les façons imaginables, de reprendre cette relation, de retourner à cette vieille habitude ou de retomber dans vos anciennes croyances. Ce sont toutes là des occasions de réaffirmer votre choix d'une nouvelle voie. Chaque fois que vous choisissez cette voie, chaque fois que vous confirmez votre engagement envers ce que vous voulez manifester et celui ou celle que vous serez dans ce processus de manifestation, vous n'en serez que plus fort.

Chaque expérience, chaque relation, situation et circonstance est un cadeau à ouvrir. Tout chagrin, tout défi, toute perte ou douleur comporte en soi au moins un cadeau pour toutes les personnes concernées. Ce cadeau peut s'avérer identique ou différent pour chacun. Il peut être subtil ou profond. Plus vous serez apte à découvrir ces cadeaux — à les rechercher spontanément, convaincu qu'ils existent —, plus il sera facile de trouver la paix en plein conflit ou défi. Chercher et trouver ces cadeaux vous donnera davantage confiance en la vue d'ensemble — la confiance que tout a sa raison d'être et que les coïncidences n'existent pas. Pour l'instant, vous êtes porté par la vague, sachant qu'il y a une raison pour laquelle vous êtes là où vous êtes; avec le temps, vous comprendrez pourquoi — espérons-le.

Souhaiter quelque chose et être vraiment prêt à la recevoir sont deux choses bien différentes. La réconciliation de la deuxième maison est une étape importante qui garantit que vous êtes vraiment prêt à récolter l'aboutissement de votre manifestation et tout ce que cela implique dans votre vie. Nous en arrivons ainsi à l'ultime question : Êtes-vous prêt à manifester votre vision et à embrasser tout ce qu'entraînera cette manifestation? Que ferez-vous alors? Comment réagirez-vous? Pouvoir répondre à ces questions de telle façon que vous ayez l'esprit en paix s'avère vital pour le processus de manifestation et une condition préalable pour aller de l'avant.

Voici quelques questions à considérer tout en terminant votre travail, du moins pour l'instant, dans la deuxième maison. Notez que la dernière question vous renvoie à la première maison. La Roue de la Manifestation est un processus circulaire : il forme une boucle. À la fin de chaque maison, vous devez vérifier si quelque travail ou découverte dans la présente maison requiert certaines remises en cause dans chacune des maisons précédentes. De cette façon, vous veillez à ce que synergie et alignement continus ne cessent de s'intensifier. Prenez votre temps avec ces questions. Réfléchissez-y. Écrivez ensuite dans votre journal ce que vous en pensez.

- Quel est votre pressentiment quand vous pensez à votre projet ou vision de manifestation? Êtes-vous en paix avec celui ou celle-ci?

- Êtes-vous prêt à accepter la pleine manifestation de votre vision? Où sera la différence? Qu'en ressentez-vous?
- Poursuivez-vous quelque partie du projet parce que vous ou autrui pensez qu'il le « faut »? Si c'est le cas, est-ce vraiment ce qui voudrait se produire?
- Caressez-vous des rêves ou des aspirations non réalisés et qui, en réalité, risquent de ne jamais l'être? Que devez-vous laisser partir ou réconcilier afin d'être libéré du passé et d'aller de l'avant dans ce projet?
- Y aurait-il quelque projet secret ici?
- Quelle est votre relation avec le monde qui vous entoure? Existe-t-il des conflits qui doivent être résolusavant que votre but ou projet puisse se manifester? Si c'est le cas, comment pouvez-vous les résoudre?
- Qu'est-ce qui doit changer pour que la paix intérieure devienne votre mode de vie? Quelle mesure pourriez-vous prendre aujourd'hui?
- Retour sur la maison n° 1 : Après votre travail dans la deuxième maison, quelles révisions s'imposeraient à votre intention et à vos engagements de la première maison? En quoi votre vision du potentiel de votre projet est-elle différente?

Lors de votre premier voyage autour de la Roue de la Manifestation, votre travail dans la deuxième maison peut sembler écrasant. Certains auront beaucoup de travail à faire ici. Rien ne vaut le fait d'être en paix avec la vie. Pourtant, l'importance de la paix est rarement soulignée dans notre culture. Nous préférons mettre l'accent sur des mécanismes de défense contre le stress et la discorde, mais ce n'est pas vraiment une solution. Il faut une énergie et une concentration colossales à la seule fin d'assurer le bon fonctionnement de ces mécanismes. Pourquoi ne pas utiliser celles-ci pour manifester un nouveau rapport, une nouvelle situation ou une nouvelle circonstance dans ce contexte? Dépensez votre énergie sagement. Cherchez la paix.

Quand vous faites le travail de la deuxième maison, vous travaillez non seulement sur le présent projet de manifestation, mais vous jetez les fondations de nombreux projets futurs. Vous mettez votre vie en alignement sur elle-même. L'âme et l'ego deviennent partenaires plutôt que des adversaires. Vos pensées, vos intentions, vos croyances, vos choix et vos actions s'harmonisent avec votre âme et avec ce qui s'avère de première importance pour vous. Vous mettez votre vie en parfaite conformité. Le résultat d'un tel travail est sidérant. Il fera tout couler avec plus de grâce et de facilité.

La Maison de la Paix vous offre l'occasion d'arrêter de vous débattre et de commencer à résoudre, à guérir et à laisser aller ce qui ne sert pas votre projet et, en dernière analyse, ce qui ne sert pas le potentiel le plus élevé de votre vie. La Maison de la Paix vous offre la liberté de viser haut et d'atteindre la cible — la liberté requise pour passer maître dans l'art de la manifestation et de la cocréation.

Chapitre 5

MAISON n° 3 : ÉNERGIE

Suscitez énergie et passion.
Orchestrez les mesures et les buts possibles.
Identifiez les ressources et les alliances.
Créez des champs de réalité.

Les deux premières maisons se concentrent principalement sur des processus intérieurs : déterminer les intentions, prendre des engagements, chercher la paix. Or, la troisième maison amorce le processus de manifestation extérieure. Désormais, la Roue de la Manifestation mettra en équilibre le travail intérieur et le travail extérieur, vous gardant ainsi étroitement en accord avec le potentiel énergétique de votre projet et la Grande Conscience tout en identifiant et en prenant les mesures nécessaires dans le monde physique.

La troisième maison de la Roue ne se rapporte qu'à l'énergie : générer énergie et passion, déterminer où l'énergie est forte et où elle fait défaut ainsi qu'apprendre à travailler avec l'énergie pour manifester des résultats. Vous commencez votre travail dans cette maison en reconnaissant que l'énergie est la puissance ou la force motrice de votre processus de manifestation. Après cela, vous orchestrez les mesures qui peuvent être prises et les objectifs qui peuvent être fixés. Vous identifiez les ressources dont vous aurez besoin et vous recherchez les alliances possibles. Vous n'en êtes pas encore à créer un plan d'action, mais vous commencez à découvrir et à assembler des composantes qui finiront par faire partie de votre plan. Influencé par ce travail, vous prenez une autre mesure pour aligner vos pensées et vos émotions en créant des champs de réalité. Une fois votre travail dans cette maison terminé, vous enverrez un signal plus puissant à l'Univers. Vous deviendrez alors un aimant plus apte à attirer ce qu'il faut pour manifester votre vision.

La véritable source de pouvoir dans le processus de manifestation, c'est le potentiel énergétique de votre projet. Nous pensons souvent que le pouvoir réside dans nos actions — comment nous prenons une situation en charge, comment nous prenons des décisions, gardons le contrôle de chaque partie d'une opération et comment nous nous assurons que « ça marche ». Dans ce sens, le mot pouvoir signifie « pouvoir sur autre chose », contraignant parfois autrui et forçant une situation ou un résultat. La vérité, c'est qu'en puisant dans le potentiel énergétique de votre vision, vous découvrirez un pouvoir bien au-delà de ce que vous pourriez espérer par vous-même. Ce potentiel peut être la force motrice qui, lorsqu'elle est magistralement escortée, vous inspire, vous guide et vous dirige à travers tout le processus de la manifestation. Votre travail d'escorte consiste à puiser dans ce potentiel, à l'exploiter, à veiller sur lui et à le protéger ainsi qu'à l'incarner. En devenant l'escorte de votre vision plutôt que celle du fabricant ou de l'unique créateur d'un plan, vous admettez que le pouvoir vient de la vision même et de votre engagement. Sachant cela, vous pourrez accomplir des merveilles. Il faudra vous armer de discipline et de vigilance pour rester dans cette énergie. La troisième maison vous donnera les outils pour y parvenir.

Amorcez votre travail dans cette maison en évaluant votre niveau d'enthousiasme et de passion pour ce projet. Passion et enthousiasme viennent d'une raison majeure de manifester votre projet. Si votre vision ou projet n'est rien de plus qu'un vœu pieux, il ne suscitera guère de passion en vous. S'il s'agit plutôt de transformer considérablement votre vie et d'en améliorer sensiblement la qualité, vous trouverez davantage l'énergie requise pour sa manifestation. Il faut que vous ayez une vision précise de la façon dont votre vie sera différente une fois que votre vision se manifestera. Prenez quelques minutes pour répondre aux questions suivantes dans votre journal :

- En quoi votre vie sera-t-elle différente une fois que votre vision se manifestera?
- De quelles façons vous sentirez-vous différent?
- Que ferez-vous différemment?
- Qu'aurez-vous alors que vous n'avez pas aujourd'hui?
- Pourquoi désirez-vous cela? Pourquoi est-ce important à vos yeux?
- Sur une échelle de un à dix, dix étant le plus haut score, quel est votre degré de passion et d'enthousiasme pour ce projet?

Le fait de répondre clairement à chacune de ces questions accroîtra votre énergie, votre enthousiasme et votre motivation en vue de manifester votre vision. Revenir à ces questions pourra aussi vous aider lorsque des défis surgiront. Le fait de vous les poser à nouveau pourra vous aider à vous remettre sur la bonne voie.

Ces questions aident également à épurer votre focalisation et à devenir plus focalisé, plus discipliné et plus efficace dans vos pensées, vos choix et vos actions. Plus épurée sera votre focalisation, plus grands seront les résultats que vous obtiendrez et ce, souvent avec de moindres efforts. Quand votre vie ou votre organisation manque de focalisation et de structure, vous dépensez de l'énergie. Le temps et l'espace peuvent s'emplir de choses qui ne sont pas vraiment importantes à vos yeux. Si tout votre temps, votre énergie et votre espace sont pris, il n'y a plus de place pour autre chose. Toutefois, quand vous épurez votre vie ou votre organisation, vous avez plus de temps, d'espace et d'énergie pour votre projet de manifestation du fait que vous les employez de façon plus efficace.

La Maison de l'Énergie requiert que vous preniez en considération ce qu'il vous faut délaisser, du moins temporairement, pour accomplir vos objectifs. Peut-être s'agit-il de choses tangibles : une relation, un autre projet, un revenu garanti ou une responsabilité qui exige une trop grande partie de votre temps. Ou peut-être un mode de pensée, une croyance ou une habitude. Ou encore un fantôme du passé, un risque nécessaire. Votre projet peut nécessiter un investissement considérable de temps ou d'argent. À vous de décider quelle quantité de l'un comme de l'autre vous seriez à l'aise d'investir.

Considérez les questions suivantes. Il n'y a ni bonne ni mauvaise réponse — seulement ce qui vous semble juste.

- Y a-t-il quelque chose que vous devrez délaisser, même temporairement, pour manifester votre vision —activités, biens matériels, habitudes, relations, responsabilités, pensées ou croyances?
- Êtes-vous prêt à le faire?
- Qu'êtes-vous prêt à risquer pour manifester votre vision? Quel degré de risque serait acceptable? Quel degré serait excessif?
- Que risquez-vous en *ne* manifestant *pas* votre vision?
- Êtes-vous prêt à investir temps et argent dans votre projet de manifestation? Si oui, combien?

La troisième maison introduit aussi la pratique du *masterminding*, qui ressemble au *brainstorming*, mais qui offre davantage. Le *brainstorming* permet d'exprimer une foule d'idées, qu'il est ensuite possible de considérer sous tous les angles et d'analyser pour en discerner les meilleures. Le *masterminding* pousse ce processus créatif un peu plus loin en élargissant intentionnellement le champ du mental jusqu'au plan intuitif tout en laissant les choses venir à vous. Le *brainstorming* peut procurer des intuitions, mais on ignore souvent comment elles surviennent. Alors qu'avec le *masterminding*, on s'ouvre intentionnellement à une autre façon d'être, de penser et d'explorer. Vous invitez la Grande Conscience et le potentiel énergétique de votre vision ou projet à participer à la conversation.

Dans la première maison, vous avez expérimenté une conversation intuitive avec votre projet pour en découvrir le potentiel et les engagements personnels qu'il nécessite. Vous pouvez adopter une approche semblable ici. Que vous travailliez seul ou en groupe, prenez d'abord un instant pour aller vers votre Point de Quiétude, invitez l'énergie de votre vision et son potentiel dans la pièce, puis commencez à dialoguer. Vous trouverez plus bas un court exercice qui vous mènera à travers ce processus. N'hésitez pas à l'adapter de façon qu'il réponde au maximum à vos besoins personnels. Si l'exercice vous demande de faire ce que vous ne pensez pas savoir faire, demandez-vous simplement : « Et si je savais comment faire? ». Imaginez que vous le savez et faites-le quand même. Vous pourriez être surpris de voir comment votre mental intuitif entre en action quand vous êtes prêt à lui en donner l'occasion.

☞ Exercice 8 :

Masterminding

Prenez quelques instants pour aller vers votre Point de Quiétude. Une fois que vous y êtes établi, imaginez l'ultime potentiel de votre projet ou vision flottant devant vos yeux. Faites ceci pour votre plaisir. Vous pouvez le « voir », le « sentir » ou l'« entendre ». Évitez de juger ou de critiquer ce que vous percevez. Pressentez le niveau d'énergie, de motivation et de passion que suscite ce projet. Le niveau d'énergie et de motivation est-il élevé? La passion est-elle au rendez-vous? Si oui, orchestrez la meilleure façon d'exploiter cette énergie et cette passion. Sinon, orchestrez la meilleure façon de susciter énergie et motivation. Passion et motivation personnelle doivent être au rendez-vous pour escorter le potentiel optimal.

Cette partie de votre séance de *masterminding* peut durer seulement quelques minutes ou un certain temps si les idées commencent à fuser. Suivez simplement l'énergie tout en demeurant conscient de ce qui voudrait se produire ensuite et du moment où il sera temps de passer à l'étape suivante.

Afin de poursuivre votre séance de *masterminding,* posez-vous des questions ouvertes. Acceptez toute idée, pensée ou inspiration. Ce n'est pas le temps ici d'analyser ou de se demander si une idée est bonne ou si elle marchera. Cela ne pourrait que bloquer l'énergie. Ce processus est de l'inspiration et de l'intuition pures. Prenez note de chaque idée même si vous ne comprenez pas tout à fait ce que vous pensez. Voici quelques questions à prendre en considération :

- Quels objectifs pouvez-vous considérer comme des étapes vers la manifestation?
- Quelles ressources — temps, argent et expertise, entre autres — faut-il attirer?
- Quelles alliances pourraient s'avérer utiles?

Suivez l'énergie jusqu'à ce que vous sentiez que la séance de *masterminding* est terminée. Avant de quitter la séance, prenez un instant pour vous questionner sur l'expérience. De quelles façons voyez-vous le projet et sa manifestation d'un œil différent? Que savez-vous du projet, que vous ignoriez avant? Comment pourriez-vous faire en sorte que le processus fonctionne encore mieux la prochaine fois? Et surtout, notez comment vous avez fait ce que vous venez tout juste de faire. Le travail intuitif est beaucoup plus simple qu'on le prétend souvent. Il y a de fortes chances que vous ayez simplement cessé de vous barrer le passage sur le plan intellectuel pour laisser les choses arriver.

Plusieurs des idées nées de cette séance pourraient faire partie du plan d'action que vous allez créer dans la sixième maison. Gardez les notes de cette séance dans un endroit sûr afin que vous puissiez y revenir plus tard.

Champs de réalité

Une fois que vous avez donné l'impulsion à votre passion, que vous vous êtes connecté à elle et que vous avez orchestré votre projet de manifestation, il est temps de créer un champ de réalité. Il s'agit ici d'un espace, physique ou non, où les conditions ou qualités énergétiques sont propices à la manifestation d'une réalité particulière. Les champs de réalité sont formés par vos pensées, vos émotions et vos sentiments qui, ensemble, déterminent votre fréquence vibratoire.

Quand vous incarnez le potentiel énergétique de votre projet ou vision, vous en prenez la fréquence vibratoire.

La Loi d'Attraction nous dit : « Qui se ressemble s'assemble ». Quand vous créez un champ de réalité qui a la même fréquence vibratoire que le potentiel qui voudrait se manifester, vous diffusez cette fréquence à la Conscience (vous souvenez-vous de la métaphore holographique du miroir à huit côtés?). Résultat : vous commencez à attirer tout le nécessaire. La synergie s'installe et les synchronicités surviennent dès lors.

Dans le monde moderne de l'Occident, nous confondons généralement émotions et sentiments. Parce que nous fonctionnons principalement selon un modèle voulant que chaque chose soit distincte du reste, nous n'admettons pas le lien entre nos émotions/sentiments et nos pensées. Or, les cultures d'antan comprenaient que pensées, émotions et sentiments étaient des aspects différents, et pourtant entièrement interdépendants, de l'être. Selon cette sagesse ancestrale, la pensée n'est que l'aptitude à se concentrer et à créer l'orientation. C'est la fonction organisatrice de votre imagination — votre système de guidance grâce auquel vous créez un plan. Faisant partie intégrante de l'intellect, la pensée vit principalement dans votre tête et dans les centres d'énergie de la partie supérieure de votre corps.

L'émotion est votre croyance, votre passion, votre carburant. C'est ce qui vous motive. Les anciennes traditions parlent de deux émotions fondamentales : l'amour et la peur. C'est dans l'une ou l'autre de ces deux émotions qu'il faut chercher les racines de toute émotion. Les émotions qui plongent leurs racines dans l'amour procurent une grande passion, de l'enthousiasme et une énergie productive. Vous vous sentez expansif et optimiste dans la vie. Les émotions enracinées dans la peur vous vident et vous font vous abstenir, vous contracter et vous sentir angoissé et inquiet dans la vie. Les émotions vivent surtout dans les centres d'énergie de la partie inférieure du corps en commençant par le plexus solaire.

En la présence d'émotions sans pensée, vous ressentez une grande énergie et passion pour provoquer quelque chose, mais une absence de direction et de concentration pour agir en ce sens. Par contre, en présence de pensées vides de toute émotion, direction précise et concentration seront au rendez-vous, mais sans l'énergie ou la passion requises pour accomplir quoi que ce soit.

Pensée et émotion se rencontrent dans le centre du cœur pour y créer les sentiments. Tout ce que vous ressentez est en fait votre vérité de l'instant, et vos actions se fondent sur celle-ci. Vos sentiments créent votre champ de réalité.

Pensée = concentration / direction / guidance

Émotion = passion / carburant

Pensée + Émotion = Sentiment/Champ de Réalité

Vous expérimentez les champs de réalité de façon analogue aux sentiments. Dans le processus de la manifestation, vous créez un champ de réalité très semblable à ce que vous expérimenterez une fois votre vision manifestée. Ce champ crée ensuite un système énergétique qui se met à l'œuvre sur votre projet. Dire que vous devez « être » ce que vous désirez manifester signifie que vous devez l'incarner et diffuser cette fréquence vibratoire à la Conscience. Le champ énergétique qui en résulte devient la réalité que vous vous attirez.

L'Institut de Heartmath a réalisé des recherches approfondies sur l'intelligence du cœur. Ces études démontrent que le champ électromagnétique du cœur s'avère environ 5 000 fois supérieur à celui du cerveau.[5] Ce qui signifie que le champ énergétique d'éveil et d'influence du cœur est également 5 000 supérieur à celui du cerveau ou de l'intellect. Ni la pensée ni l'émotion en soi ne sont capables de générer assez d'énergie pour créer un puissant champ de réalité. Toutefois, les sentiments centrés sur le cœur ont un énorme impact sur votre vie et votre processus de manifestation.

Les champs de réalité sont des composantes essentielles de la technologie de la manifestation. Pour que cette dernière opère, pen-

5. Voir *The HeartMath Solution* de Doc Childre et Howard Martin (San Francisco : HarperSanFrancisco, 1999), p. 33.

sée, concentration et intention précises doivent entourer le potentiel que vous manifestez ainsi qu'une aptitude à écouter intuitivement ce potentiel et à vous laisser guider par lui. Vous devez aussi éprouver une grande passion pour le potentiel et croire de façon absolue que sa manifestation s'avère possible. Quand émotion et pensée sont alignées l'une sur l'autre, il en résulte un sentiment irrésistible qui, à son tour, crée un puissant champ de réalité. Ce champ attirera des aboutissements de fréquence vibratoire semblable. Lorsque émotion et pensée ne sont pas alignées, il en résulte des sentiments qui créent une zone de chaos et de désordre qui, à son tour, rendra l'aboutissement de votre projet de manifestation aussi confus qu'insatisfaisant.

Pour manifester le potentiel optimal, votre émotion doit s'enraciner dans l'amour. Quand votre émotion fondamentale est l'amour, votre pensée est alimentée en énergie positive et enthousiasme. Ce qui crée un sentiment de mise en pouvoir et d'assurance, menant à un champ de réalité qui attire les aboutissements désirés. Lorsque votre émotion fondamentale est la peur, votre pensée est alimentée en doute, résistance, inquiétudes et autres émotions qui vous retiennent et vous coincent. Ce qui crée des sentiments d'angoisse et d'appréhension et génère un champ de réalité qui attire ce que vous craignez ou ce à quoi vous résistez le plus. Afin de manifester le potentiel le plus élevé de votre vision, il est donc impératif que vous soyez conscient de l'émotion fondamentale qui alimente votre sentiment et votre champ de réalité.

L'exercice suivant peut vous aider à clarifier vos pensées, vos émotions et vos sentiments pour que vous soyez pleinement conscient du champ de réalité que vous créez pour votre projet.

☞ Exercice 9 :

Identifier pensées, émotions et sentiments

Prenez un instant pour vous établir dans votre Point de Quiétude. Évoquez votre projet ou vision. Dirigez-vous vers votre intellect et concentrez toute votre conscience sur ce que vous « pensez » de ce projet. Ne jugez pas ce que vous découvrirez. Contentez-vous d'observer. Quelles pensées vous habitent?

Gardant votre vision ou projet à l'esprit, quittez votre intellect et descendez dans votre corps. Quelles émotions vivez-vous? Votre émotion repose-t-elle fondamentalement sur l'amour ou sur la peur? Contentez-vous d'observer. Ne jugez pas

Dirigez-vous maintenant vers votre centre cardiaque, où pensée et émotion se rencontrent pour créer les sentiments. Que ressentez-vous pour votre projet?

Quel champ de réalité créez-vous à l'instant? Vous sert-il? Réunit-il les conditions énergétiques (pensée et émotion alignées) qui favoriseront le déploiement du potentiel de votre projet?

Dans l'affirmative, continuez de renforcer les pensées, les émotions et les sentiments qui en résultent et qui créent ce champ. Dans la négative, considérez quel champ de réalité favoriserait ce potentiel. Qu'est-ce qui doit changer dans votre pensée pour créer et favoriser ce champ? Qu'est-ce qui doit changer dans votre émotion? Quel sentiment vous faut-il créer?

Avant de passer à autre chose, prenez le temps d'aborder ces questions et de vous assurer que vous créez le champ de réalité qui vous servira le plus efficacement, vous et votre projet. Prenez le temps d'écrire tout cela dans votre journal.

Toute chose existe dans un champ d'énergie. Tout champ d'énergie particulier est créé et influencé par la fréquence vibratoire de la personne, de l'objet ou de l'idée qui en occupe le centre. Plus la concentration, l'intensité et l'engagement de la personne, de l'objet ou de l'idée, s'avèrent puissants, plus le champ d'énergie sera fort, dynamique et puissant. Plus ce champ sera puissant et dynamique, plus l'influence qu'il exercera sur tout ce qui y entrera sera grande. Dans toute situation, la fréquence vibratoire la plus forte prévaudra.

L'énergie ne reconnaît ni titre, ni rang, ni hiérarchie; elle existe hors de toute structure. Elle offre à tous des chances égales en matière de création et de manifestation. La personne, le groupe, l'idée ou la croyance qui possède la plus grande concentration, la vibration la plus intense et la fréquence vibratoire la plus haute détient la puissance énergétique. Quelle que soit cette idée ou croyance, le groupe ou la personne qui la détient sera le moteur de la situation. Dans la manifestation, cela signifie que plus votre intention et votre concentration seront fortes, plus votre incarnation du potentiel sera totale, plus vous serez à même de manifester votre vision.

Vous avez probablement fait partie d'un groupe dont un seul membre, qui souvent n'était pas le leader officiel, semblait détenir le pouvoir. Cette personne possédait peut-être une personnalité très forte et elle exprimait ses opinions et sentiments sans hésiter. Derrière cette personnalité et ces opinions siégeaient des pensées et des émotions très focalisées. Par conséquent, malgré les opinions ou les sentiments des autres membres du groupe, tout ce que cette personne voulait l'emportait. Par contre, vous avez probablement fait partie d'un groupe dont un membre ne disait généralement pas grand-chose, mais dont la présence était très forte. Lorsqu'il parlait, tous écoutaient attentivement, sachant que les paroles prononcées ne seraient pas frivoles, mais qu'il faudrait au contraire les considérer sérieusement. Prêtez attention à l'énergie au sein des groupes et à la façon dont des individus ont un impact sur les décisions et les actions collectives. Apprenez à surveiller l'énergie et à savoir ce qui doit se produire ensuite.

Surveiller l'énergie est une compétence importante dans la manifestation. Prêtez attention à l'endroit où se trouve en tout temps l'énergie la plus puissante et la plus prépondérante. Votre processus de manifestation est-il vraiment motivé par le potentiel ou l'est-il par autre chose? Si les choses évoluent dans le sens que vous croyez correspondre au potentiel optimal, laissez la force motrice poursuivre son travail. Sinon, que faut-il changer en vous pour concentrer l'énergie, élever la fréquence vibratoire et augmenter l'intensité?

Toutes les possibilités futures sont présentes dans la Conscience. En créant un champ de réalité, vous créez en fait les conditions énergétiques qui attireront l'aboutissement futur que vous désirez, qui encourageront le potentiel à se manifester sous forme physique. Vous aidez activement le potentiel de votre projet à franchir le pont entre le monde invisible et le monde visible, entre le monde des idées et la réalité. Vos choix individuels et le champ de réalité que vous choisissez de créer déterminent quelles possibilités vous manifesterez vraiment.

Il est très important de reconnaître qu'en créant un champ de réalité, vous ne créez pas une réalité spécifique. Au contraire, vous devez vous concentrer sur la création d'un champ d'énergie vibrant à la même fréquence que l'aboutissement afin de servir au mieux le potentiel émergeant. Dans son livre *The Isaiah Effect,* Gregg Braden écrit : « Au lieu de *créer* notre réalité, il serait peut-être plus juste de dire que nous créons les conditions dans lesquelles nous *attirons des aboutissements futurs,* déjà établis, dans la focalisation du présent. »[6] Voilà ce qu'on entend par la création de champs de réalité : créer un champ d'énergie où toutes les conditions sont présentes pour que se manifeste un aboutissement particulier. Quand vous incarnez pleinement le potentiel énergétique de votre vision, le principe holographique entre en action et le reflète dans la Conscience. Les champs de réalité sont une des façons les plus puissantes d'escorter le potentiel.

Les champs de réalité existent bel et bien. Vous en créez constamment, que vous en soyez conscient ou non. Ils vous suivent partout où vous allez. Dans l'introduction, j'ai fait remarquer que vous manifestez constamment votre propre vie. C'est vrai du fait que vos pensées et vos émotions s'unissent sans cesse pour créer des champs de réalité qui attirent des circonstances, des événements, des expériences et des relations qui correspondent à leur fréquence vibratoire. Quand vous escortez le potentiel pour votre vision ou votre projet, vous choisissez consciemment le champ de réalité dans lequel vous vivez. Vous devez discipliner vos émotions et vos pensées afin de créer les sentiments qui maintiendront ce champ. Quand vous créez d'abord un nouveau champ de réalité pour votre vision, il ne s'agit peut-être pas de votre

6. *The Isaiah Effect,* Gregg Braden (New York: Three Rivers Press, 2000), p. 24.

mode de vie habituel ou « par défaut ». Si vous demeurez vigilant, vous devez constamment renforcer le nouveau champ jusqu'à ce qu'il devienne votre mode de vie par défaut. Si le champ n'est pas constant ni maintenu, vous n'attirerez pas constamment ce qu'il faut. Quand vous serez passé maître dans l'art de créer et de maintenir des champs de réalité, manifester ce que vous désirez deviendra un mode de vie. Vous serez guidé intuitivement dans chaque choix, chaque décision ou action.

Fuites d'énergie

Même quand vous deviendrez expert dans la création et le maintien des champs de réalité, l'énergie pourrait baisser de temps à autre ou les choses pourraient ne pas aller comme elles devraient selon vous. C'est peut-être un signe que quelque chose dans vos pensées et dans vos émotions n'est pas aligné, qu'il y a une « fuite d'énergie » dans le système.

Quand vous avez un tuyau qui fuit, il y a une baisse de pression dans toute la plomberie de votre maison. Cette perte détient en fait le pouvoir, car c'est elle qui fait baisser la pression partout. Quand vous avez le moindre doute, la moindre crainte ou résistance quant à la manifestation de votre vision, vous créez une perte d'énergie dans votre projet. Si vos pensées, vos émotions et votre vision ne sont pas tout à fait alignées, cela peut créer une fuite dans le champ de réalité qui épuise l'énergie et rend le champ moins puissant. Quatre-vingt-dix-neuf pour cent de votre être peut soutenir la fréquence vibratoire du nouveau champ, mais le un pour cent qui ne le soutient pas détient le pouvoir. Il est donc important de réparer les fuites quand vous les découvrez afin de pouvoir reprendre le pouvoir.

Ces pertes d'énergie peuvent avoir plusieurs causes. D'abord, vérifiez si émotion et pensée sont pleinement engagées. Si votre pensée n'est soutenue par aucune émotion ou si votre émotion n'est dirigée par aucune pensée, il n'y aura pas assez d'énergie pour supporter un puissant champ de réalité. Si pensée et émotion sont engagées, vérifiez si elles sont bien alignées l'une sur l'autre, soutenant le sentiment qui va créer le champ approprié. Les projets secrets peuvent aussi créer de sérieuses pertes d'énergie, car ils encouragent un manque d'honnêteté et d'intégrité au niveau de l'intention. Derrière ces projets se cachent des engagements secrets qui, s'ils s'avèrent assez forts, pourraient empêcher le potentiel de se manifester. Les fuites d'énergie peuvent aussi survenir quand vous opérez à partir du champ de réalité d'autrui ou encore du champ d'une idée ou d'un principe qui n'est pas en harmonie avec votre âme.

L'exercice suivant peut vous aider à identifier la source de toute fuite qui pourrait exister dans votre champ de réalité actuel. Il peut également vous aider à renforcer ce champ en faisant un court séjour dans le futur, vous donnant ainsi un aperçu des choses à venir dans la quatrième maison, appelée Inspiration.

☞ Exercice 10 :

Renforcer votre champ de réalité

Cet exercice s'accomplit de préférence dans un espace ouvert, à l'intérieur comme à l'extérieur, où vous pouvez bouger librement. Prenez d'abord quelques instants pour vous établir dans votre Point de Quiétude. Puis tenez-vous debout en un endroit qui représente le présent pour vous.

Appelez à l'esprit votre projet ou vision. Ne concentrez d'abord votre attention que sur des pensées concernant votre projet. Scrutez vos pensées à la recherche de fuites d'énergie — toute pensée qui vous fait obstacle. Contentez-vous de les observer. Ne vous absorbez pas dans celles-ci et ne les jugez pas. Vous ne faites que recueillir de l'information.

Descendez dans la partie inférieure de votre corps et ne soyez conscient que de vos émotions. Quelles sont vos croyances quant à ce projet? L'émotion fondamentale est-elle l'amour ou la peur? Scrutez vos émotions à la recherche de fuites d'énergie — toute émotion qui vous fait obstacle. Encore une fois, contentez-vous d'observer sans juger.

Déplacez-vous vers votre centre cardiaque. Quel sentiment l'habite? Comment décririez-vous le champ de réalité qui se crée à l'instant?

Maintenant, restez debout, mais dans un endroit différent qui représente pour vous un an après l'achèvement de votre projet ou la manifestation de votre vision. Prenez le temps de l'imaginer. Qu'est-il arrivé? Quelle impression cela vous fait-il? Incarnez cette énergie. Prêtez attention à ses qualités. Quel champ de réalité est au rendez-vous? Décrivez-le. Quelle impression s'en dégage?

Debout dans ce nouveau champ de réalité, concentrez-vous seulement sur votre pensée. Quelles pensées vous habitent maintenant que votre vision est pleinement manifestée, que votre projet est terminé?

Une fois que vous savez parfaitement ce que vous pensez, descendez dans votre corps jusqu'à votre émotion. Qu'expérimentez-vous un an après que la vision s'est manifestée?

Restez fermement enraciné dans ces pensées et ces émotions ainsi que dans ce nouveau champ de réalité, puis retournez à l'endroit qui représente le présent tout en emportant avec vous le champ de réalité du futur.

Debout en l'instant présent, dans ce nouveau champ de réalité, explorez à nouveau vos pensées. En quoi ont-elles changé? Un élément de votre pensée vous empêche-t-il encore d'atteindre le futur dont vous avez fait l'expérience? Encore une fois, contentez-vous d'observer.

Maintenant, descendez dans votre corps et explorez votre émotion. En quoi a-t-elle changé? Un élément de votre émotion vous empêche-t-il encore d'atteindre le futur dont vous avez fait l'expérience? Contentez-vous d'observer.

Que ressentez-vous maintenant? Comment décririez-vous votre champ de réalité?

Si des blocages subsistent au niveau de la pensée ou de l'émotion, transférez-les à l'emplacement du futur, où le projet est terminé ou la vision manifestée depuis un an déjà. Que savez-vous de ces pensées et de ces émotions à partir de ce champ de réalité? Une fois ces blocages résolus, revenez au présent en emportant avec vous le nouveau champ de réalité.

Prenez le temps de consulter à nouveau pensée et émotion. Continuez ce processus de dialogue et de résolution entre le futur et le présent jusqu'à ce que vous puissiez vous tenir entièrement dans la réalité du futur et ce, même dans le présent. Gravez ensuite ce sentiment dans votre mémoire.

Prenez le temps d'écrire votre expérience dans votre journal.

Il importe de vérifier périodiquement le niveau d'énergie de votre champ de réalité. De temps en temps, arrêtez-vous pour demander : « Ce champ de réalité sert-il le plus grand potentiel de mon projet? L'énergie évolue-t-elle dans le sens de la manifestation? ». Rappelez-vous qu'au fur et à mesure que votre projet se développe, son potentiel évoluera. Vous devez vous occuper de votre champ de réalité comme d'un jardin — en arrachant les mauvaises herbes, en le fertilisant et en l'arrosant. Les fuites d'énergie des champs de réalité doivent être découvertes et réparées afin de pouvoir maintenir un champ on ne peut plus puissant.

On me demande souvent en quoi la création d'un champ de réalité diffère de la prière traditionnelle. La prière est généralement une demande adressée à Dieu. En demandant quelque chose, vous renforcez en réalité le fait que vous ne l'avez pas ou que cela n'est pas encore arrivé. Vous renforcez la séparation entre vous et l'objet de votre désir. Selon votre approche, la prière peut même être synonyme de désinvestissement si vous demandez seulement qu'on s'occupe de quelque chose sans revendiquer votre propre rôle ou responsabilité dans sa manifestation. Il n'y a alors aucun engagement cocréatif.

Par contre, la création de champs de réalité implique la revendication intégrale de votre rôle dans la manifestation active de votre vision. Vous portez votre fréquence vibratoire à un nouveau niveau. Vous passez à la puissante cocréation avec l'ultime potentiel contenu dans votre vision et avec la Conscience au lieu d'attendre qu'une force extérieure — Dieu ou autre chose — s'en charge. Si la prière fait partie de votre pratique spirituelle, qu'elle soit une expression de gratitude pour le potentiel qui s'est manifesté. Priez pour la réalité que vous désirez et non dans l'espoir qu'elle se réalise.

Le champ de réalité n'est pas un plan d'action. C'est une fréquence vibratoire que vous incarnez. Au fur et à mesure que vous vivrez dans ce champ créé pour votre projet et que vous traverserez les deux maisons suivantes, un plan d'action surgira. Dans la sixième maison, vous l'officialiserez et vous commencerez à l'exécuter.

À travers votre travail dans la présente Maison de l'Énergie, vous augmentez l'impulsion, vous revendiquez la responsabilité, vous orchestrez les idées et vous créez intentionnellement un champ de réalité. L'énergie, la passion et l'impulsion de votre vision ou de votre projet devraient être formidables désormais. Si ce n'est pas le cas, demandez-vous si le projet choisi est vraiment quelque chose que vous devez manifester. Là encore, évitez de juger. Soyez simplement honnête avec vous-même.

Peut-être faut-il que vous reveniez à la première maison pour revoir votre intention ou à la deuxième pour trouver un nouveau niveau de quiétude. Laissez ces questions de fin de chapitre vous aider à repérer où vous en êtes dans le processus de manifestation :

- Cette vision suscite-t-elle en vous une vraie passion, un véritable enthousiasme? Si ce n'est pas le cas, que faudrait-il? Qu'est-ce qui doit encore changer? Comment pouvez-vous y parvenir?
- Que doit-il arriver pour continuer de créer un sentiment d'impulsion et de convergence d'énergie pour cette vision?
- Quelle impression vous fait votre champ de réalité actuel? Sert-il pleinement la manifestation de ce projet?
- Retour sur la maison n° 1 : Votre travail dans la troisième maison renforce-t-il votre intention et vos engagements ou vous fait-il les remettre en question? Faut-il changer quelque chose dans votre intention et vos engagements? Si oui, quoi?
- Retour sur la maison n° 2 : Votre travail dans la troisième maison compromet-il de quelque façon votre sentiment de quiétude quant à la manifestation de votre vision? Vous sentez-vous toujours en paix avec tout ce qui se déroule? Si ce n'est pas le

cas, que faudrait-il changer?

Chapitre 6

MAISON n° 4 : INSPIRATION

Employez la partie intuitive de votre mental.
Déchirez le voile du temps et de l'espace.
Souvenez-vous du futur.

La Roue de la Manifestation fait appel à la partie intuitive de votre mental tout au long de ce voyage. Grâce aux processus intuitifs des trois premières maisons, vous identifiez l'ultime potentiel de votre projet, vous dialoguez avec votre âme et votre ego, vous orchestrez les possibilités et vous expérimentez les champs de réalité. La quatrième maison, appelée Inspiration, emploie la partie intuitive de votre mental pour déchirer le voile du temps et de l'espace et se souvenir du futur. En visitant le futur, vous en apprenez plus sur votre projet, vous explorez les aboutissements possibles à travers lesquels le potentiel de votre vision peut effectivement se manifester en prenant forme, et vous acquérez une notion de la façon dont cela se produira. Cette information vous permet de voir plus clairement comment votre projet se développera. Elle influence aussi le plan d'action que vous concevrez et exécuterez dans la sixième maison.

Dans la présente maison, au fil de votre travail avec le futur, il importe de ne pas prévoir ou prédire l'avenir à partir de votre point de référence actuel. Utilisez plutôt la partie intuitive de votre mental pour visiter et explorer le futur comme si c'était le présent. Vous demandez au futur de vous montrer quel aboutissement serait possible pour votre projet, confiant que l'avenir pourrait vous offrir plus que ce que vous aviez imaginé puisque vous escortez le potentiel en invitant l'aboutissement optimal à se manifester. La quatrième maison vous demande de suspendre toute notion préconçue de ce qu'il en sera quand votre vision se manifestera, de renoncer à toute attente et de permettre que vous soit montré comment le potentiel voudrait se développer.

Albert Einstein a dit un jour : « Le temps n'est pas du tout ce qu'il semble être. Il ne s'écoule pas dans une seule direction et le futur existe simultanément avec le passé. »[7] Dans le domaine de la Conscience et du champ quantique, il n'existe ni temps ni espace linéaire comme nous les connaissons. Tout arrive en même temps. Les choses n'arrivent pas non plus dans des endroits spécifiques, mais comme des idées qui sont partout à la fois. La Loi du Mentalisme veut que tout existe dans la Conscience et que la Conscience existe en tout. Notre mental existe au sein de la Conscience et, dans un même temps, la Conscience existe dans notre mental. Ce dernier est, en fait, une image holographique de la Conscience. Dans notre monde tridimensionnel au temps linéaire, nous admettons parfaitement l'aptitude à se souvenir du passé. Le monde non linéaire de pure énergie de la Conscience et le champ quantique nous invitent à accepter que nous pouvons aussi nous souvenir du futur. Si le travail avec l'énergie et l'intuition sont chose nouvelle pour vous, il peut s'agir ici d'un concept stupéfiant — mais accrochez-vous!

Si le passé, le présent et le futur existent tous simultanément dans

7. Cité par Gregg Braden dans *The Isaiah Effect* (New York: Three Rivers Press, 2000), p. 83.

la Conscience et le champ quantique, pourquoi ne serait-on pas capable de se souvenir du futur au même titre que du passé? Et si les événements existent dans ces domaines en tant qu'énergies et idées plutôt que sous forme tridimensionnelle en un endroit spécifique, pourquoi alors cette idée ou énergie ne serait-elle pas accessible maintenant comme elle le sera dans un an, voire même dans cinquante ans?

Les savants ne savent pas vraiment ce qu'est l'énergie. Ils savent seulement qu'elle existe, qu'on peut la mesurer et qu'elle peut s'agencer pour former idées et matière. Les *patterns* d'énergie s'unissent pour constituer des données. Walter Schempp, professeur de mathématiques à l'université de Siegen en Allemagne, a découvert que le champ quantique est une vaste mine de souvenirs. Cette découverte lui a fait avancer la théorie selon laquelle la mémoire ne résiderait pas dans le cerveau, mais bien dans le champ quantique. À partir de cette découverte, savants et théoriciens ont avancé que le cerveau ne serait qu'un mécanisme récupérant des informations du champ quantique, où elles sont effectivement emmagasinées. Ce qui explique comment une pensée ou stimulus peut catalyser une explosion de souvenirs, d'idées, d'inspiration et de compréhension. Cela expliquerait aussi la mémoire immédiate, qui permet de retrouver un souvenir ou un renseignement spécifique sans avoir à trier une surabondance de souvenirs. Sans oublier ce que les traditions mystiques d'Orient appellent les mémoires akashiques, un genre de vaste bibliothèque virtuelle contenant tout le savoir, la sagesse et l'information concernant tout ce qui fut, est et sera. Et plus important encore pour la technologie de la manifestation, cela expliquerait comment on peut se souvenir du futur. Votre cerveau puise simplement dans le champ quantique par l'intermédiaire du réseau de la Conscience, où temps et espace coexistent, et il récupère l'information dont vous avez besoin.

Il est vrai que vos aptitudes dans le domaine de l'intuition doivent être bien développées pour que vous puissiez puiser, dans le champ quantique, des informations précises sur d'autres époques, d'autres événements. Mais il n'est guère difficile de les développer. Vous pouvez rehausser votre aptitude à accéder à de telles informations par le seul fait de développer la partie intuitive de votre mental. Ce qui ne requiert que concentration, engagement, discipline et surtout, votre désir d'aller au-delà de votre mode de pensée rationnel vers un monde que votre esprit rationnel ne pourra peut-être pas expliquer. Développer votre intuition et pouvoir vous souvenir du futur exige que vous évitiez de juger de ce que vous pouvez et ne pouvez pas faire, de ce qui est et ce qui n'est pas possible, pour le faire malgré tout. Plus vous pratiquerez, plus vous deviendrez habile dans ce domaine. Les processus de la quatrième maison vous offrent une structure qui favorise le souvenir du futur.

Puisque tout existe dans la Conscience et le champ quantique en tant que potentiel plutôt qu'en tant que forme, il existe plus d'une possibilité quant à la façon dont le potentiel peut effectivement se manifester. Quand vous demandez pour la première fois : « Qu'est-ce qui voudrait se produire ici? », vous recherchez l'ultime potentiel ou essence énergétique qui puisse se déployer. Alors que vous aidez ce potentiel à franchir le pont entre le monde invisible et le monde visible, le potentiel vous montrera les aboutissements possibles — soit diverses formes à travers lesquelles le potentiel peut se manifester. Toutes ces possibilités existent dans le domaine de la Conscience. Dans un sens, quand vous vous rappelez du futur, vous récupérez en fait une des possibilités quant à la façon dont les choses pourraient se passer. En vous souvenant d'un autre aboutissement, vous récupérez une autre possibilité. Dans la Conscience, tous les aboutissements existent simultanément. L'aboutissement qui se manifeste effectivement dans votre monde tridimensionnel au temps linéaire est le fruit de toutes les conditions présentes et de tous les choix qui ont été faits.

L'autoroute du potentiel

Imaginez une autoroute ayant au moins cinq ou six voies qui vont dans chaque direction. Imaginez que chaque voie mène à une destination différente. L'autoroute représente le potentiel, les voies individuelles représentent les possibilités. Les voies individuelles finiront par se séparer et mener à différentes destinations. Mais ici, alors qu'elles demeurent encore ensemble, l'autoroute (le potentiel) peut vous conduire à chacune de ces destinations (ou possibilités). Imaginons ici qu'il s'agit d'une autoroute magique dont une voie va vers New York, une deuxième vers Buenos Aires, et d'autres encore, vers Copenhague, Tokyo, Le Caire et Sydney.

À l'entrée de l'autoroute, toutes les voies sont parallèles. Ici, vous pouvez aller d'une voie à l'autre sans choisir de destination spécifique, car toutes les voies vont dans la même direction. Or, après quelques kilomètres, elles commencent à se séparer et à se diriger chacune vers sa destination spécifique. Aucun mystère ici, les différentes destinations étant clairement indiquées afin que vous sachiez où chaque voie vous mènera selon votre choix. Si vous n'êtes pas sûr de quelle destination vous convient, vous pouvez emprunter chaque voie pour voir où elle mène. Vous pouvez choisir de suivre la voie vers New York pendant un certain temps pour voir à quoi ressemble ce parcours ou même d'aller jusqu'à New York pour voir quelle impression cela vous fera. Si ce choix ne vous plaît pas, vous pouvez retourner à votre point de départ sur l'autoroute et essayer une autre voie, une autre destination. Vous pouvez toutes les essayer avant de faire un choix définitif quant à la ville où vous vous installerez finalement.

Il en est de même du potentiel de votre projet. Dans la première maison de la Roue, vous nommiez votre projet et vous identifiiez ensuite le plus grand potentiel de ce projet. En fait, vous empruntiez l'Autoroute du Potentiel. En vous concentrant sur l'ultime potentiel plutôt que sur un aboutissement spécifique, vous étiez libre d'emprunter la voie de votre choix avec l'assurance que chaque voie de cette autoroute particulière conduirait finalement à la pleine manifestation de ce potentiel. Dans la deuxième maison, vous vous sentiez à l'aise de conduire sur cette autoroute, dissipant tout doute ou conflit concernant ce voyage. Dans la troisième maison, vous avez magasiné pour vous procurer tout le nécessaire pour le voyage, ignorant toujours votre destination exacte, mais sachant que, advienne que pourra, l'ultime potentiel de votre vision serait réalisé.

Maintenant, dans la quatrième maison, les voies de l'autoroute commencent à se séparer. Vous voyez de claires indications quant aux aboutissements potentiels de votre projet de manifestation et quelles voies vous mèneront à quelles possibilités. À vous de choisir maintenant quelle voie vous désirez suivre, quelle possibilité mérite votre attention et votre énergie pour le reste du voyage.

Comme les voies demeurent parallèles pour l'instant, la quatrième maison vous offre l'occasion d'explorer chaque voie, chaque aboutissement, pour voir quelle impression s'en dégage. Vous pouvez faire un voyage virtuel vers chaque aboutissement, noter quelle impression cela vous fait intuitivement et choisir quel aboutissement potentiel vous semble indiqué.

L'exercice suivant adapte cette métaphore pour vous aider à découvrir et identifier des aboutissements spécifiques qui s'avèrent possibles pour votre projet de manifestation. Vous voudrez peut-être lire l'exercice entier avant de le faire.

☞ Exercice 11 :

Prendre l'Autoroute du Potentiel

Il est préférable de faire cet exercice dans un espace ouvert, à l'intérieur ou à l'extérieur, où vous pouvez bouger librement. Choisissez un endroit qui représente le présent dans votre vie et restez-y debout. Avant de commencer, fermez les yeux et renforcez votre champ de réalité et votre incarnation du projet et de son potentiel optimal.

Abandonnez toute idée préconçue ou attente quant à ce que vous devriez expérimenter ou découvrir. Les yeux toujours fermés, imaginez-vous sur l'Autoroute du Potentiel, une autoroute magique dont les voies peuvent vous conduire partout dans le temps et l'espace. Toute l'autoroute vous est réservée pour l'instant. Personne d'autre ne s'y trouve que vous et les personnes qui pourraient faire partie de votre futur. Prenez donc votre temps; n'ayez pas peur d'entraver la circulation.

Vous pouvez circuler sur cette autoroute à l'aide du mode de transport de votre choix : une voiture sport, une limousine, un yacht ou hors-bord, un vélo ou un jet privé. Vous pouvez marcher ou même faire de l'auto-stop. Amusez-vous et laissez votre intuition vous révéler le meilleur véhicule pour ce voyage.

Tandis que vous vous déplacez sur cette autoroute, les voies commencent à se séparer, chacune empruntant une direction différente. Vous verrez ou non des panneaux vous informant sur la destination de chaque voie. Ne vous en faites pas. Soyez confiant que vous reconnaîtrez chaque aboutissement potentiel quand vous y arriverez. Choisissez une voie, ouvrez les yeux et déplacez-vous vers un endroit que vous choisissez pour représenter votre premier aboutissement potentiel. Debout dans l'énergie de cet aboutissement, considérez les questions suivantes :

- Quel est cet aboutissement? Décrivez-le.
- Soyez à l'écoute de l'énergie de cette possibilité. Quelle impression cela vous fait-il?
- Qui êtes-vous ici?
- Quels sont les bienfaits de cet aboutissement particulier?
- Quelle date sommes-nous maintenant que votre projet est terminé et que cet aboutissement est réalisé?
- Le cheminement jusqu'à cet aboutissement a-t-il été facile ou difficile?
- Y a-t-il un élément de cet aboutissement qui ne vous plaît guère?
- Sur une échelle de un à dix — dix étant le meilleur score —, comment évaluez-vous cet aboutissement?

Ne reniant ni votre sentiment ni votre intuition, résistez à la tentation de chercher à comprendre ou d'analyser les choses. Prenez-les comme elles viennent.

Retournant maintenant à votre point de départ, fermez les yeux et imaginez-vous à nouveau sur l'Autoroute du Potentiel avec toutes ses voies parallèles. Choisissez-en une autre et suivez-la alors qu'elle s'écarte des autres voies et qu'elle part vers son aboutissement spécifique. Vous verrez peut-être ou non un panneau vous indiquant votre destination. Ne vous en faites pas. Quand vous serez prêt, ouvrez les yeux et déplacez-vous vers un endroit que vous choisissez pour représenter cet aboutissement potentiel. Considérez les questions citées plus haut pour cet aboutissement.

Répétez ce processus jusqu'à ce que vous ayez visité chacun des aboutissements potentiels et que vous ayez répondu aux questions et ressenti l'énergie de chaque aboutissement. Une fois tous les aboutissements visités, regagnez votre point de départ et considérez tous les aboutissements potentiels. Lequel a obtenu le plus haut score? Lequel votre intuition vous dit-elle de choisir parce que ce choix semble juste? Vous voudrez peut-être revisiter brièvement tous les aboutissements et leurs sites. Tenez-vous debout dans chacun d'eux un instant et comparez ce que vous y ressentez.

Choisissez l'aboutissement sur lequel vous voulez vous concentrer en poursuivant le processus de manifestation, puis regagnez l'endroit qui représente l'aboutissement. Respirez la fréquence vibratoire de celui-ci. Ressentez-en l'énergie et incarnez-la. Quel champ de réalité est automatiquement créé quand vous incarnez cette énergie? Mémorisez-le. Retenez ce sentiment. Dans l'exercice 15, nous reviendrons ici pour franchir la prochaine étape dans notre travail avec le futur.

Vous venez de découvrir un outil précieux pour explorer le futur, tester les possibilités et faire des choix. Pendant que vous baignez encore dans l'énergie de l'aboutissement choisi, voyons ce que vous pouvez apprendre au sujet des mesures à prendre pour intégrer ce futur au présent.

☞ Exercice 12 :

Incarner le futur et renforcer le champ de réalité

Tenez-vous debout en un endroit assez dégagé pour pouvoir avancer d'un pas. Fermez les yeux et établissez-vous dans votre Point de Quiétude. Imaginez devant vous une projection d'un point dans le futur où votre projet ou vision sera pleinement manifesté. Regardez ce film et ressentez-en l'énergie. Notez qui vous entoure. Prenez note des sons entendus. Comment vous décririez-vous dans ce film? Votre perception du futur vous laisse-t-elle une bonne impression? Est-ce ce que vous voulez? Sinon, en quoi votre intention doit-elle changer? Qu'est-ce qui ferait qu'une bonne impression s'en dégage pour vous?

Quand ce que vous voyez et ressentez est ce que vous voulez, entrez dans le film et commencez à le vivre. Incarnez l'énergie et la fréquence vibratoire. Vérifiez que tout vous fait une bonne impression. Décrivez votre champ de réalité. Est-il identique à celui que vous avez créé dans la troisième maison ou est-il différent? S'il est différent, lequel des deux champs servira le mieux la manifestation de votre vision?

Incarnant l'énergie de votre vision désormais pleinement manifestée, que savez-vous de la convergence de vos pensées et actions au cours des six prochains mois? Quelle doit être cette convergence pendant le prochain mois? La prochaine semaine? Le reste de la journée?

Prenez le temps d'écrire dans votre journal au sujet de cette expérience. Notez les composantes que vous découvrez. Elles pourraient faire partie du plan d'action que vous allez créer dans la sixième maison.

Ayant visité le futur, vous avez vu au moins un — et peut-être plusieurs — aboutissement potentiel de votre projet. Vous avez choisi celui qui vous semble optimal et vous l'avez laissé vous montrer davantage ce que l'avenir vous réserve. Même si vous avez choisi un aboutissement plus spécifique à manifester, il importe que vous écoutiez et suiviez néanmoins le potentiel sous-jacent qui se manifeste à travers cet aboutissement, et non l'aboutissement en soi. Il s'avère nécessaire, à partir d'ici, de vous concentrer sur un aboutissement spécifique pour créer un plan d'action précis et l'exécuter. Désormais, vous savez précisément ce que vous manifestez. Vous demeurez cependant engagé envers le potentiel alors qu'il se déploie à travers cet aboutissement, lequel n'est qu'un moyen de réaliser le potentiel. En vous concentrant sur l'aboutissement, vous pourriez facilement en venir à provoquer quelque chose de spécifique au lieu de suivre le potentiel et de continuer à aligner l'énergie. Le potentiel doit demeurer la force motrice en vue du résultat optimal.

En visitant le futur, vous pourriez occasionnellement sentir une possibilité perturbante, voire même effrayante. Rappelez-vous que tout aboutissement que vous voyez n'est qu'une possibilité parmi tant d'autres. Dans le royaume du potentiel, rien n'est immuable. Tout demeure possible. Rien n'a encore pris forme. Par conséquent, si vous percevez quelque élément du futur qui vous ennuie, considérez ce que vous pourriez changer sur la route vers cet événement ou circonstance pour créer quelque chose de différent. À titre d'exemple, si vous pressentez une grave maladie dans votre futur, que pourriez-vous changer maintenant pour l'éviter? Vous pourriez prendre des mesures proactives pour modifier votre alimentation, faire plus d'exercice ou apprendre d'autres façons de renforcer votre organisme et votre système immunitaire. Ayant vu cette possibilité, vous avez la chance de faire différents choix *maintenant* de façon à créer un futur différent. Vous avez le pouvoir de changer de voie.

Une fois conscient d'une redoutable possibilité dans votre futur, vous pouvez demander ce que ce défi pourrait vous aider à apprendre, à expérimenter ou à comprendre. Après quoi, *vous pouvez choisir maintenant* comment vous voulez apprendre cette leçon ou acquérir cette compréhension plutôt que de composer avec la forme redoutable que vous avez pressentie. Vous pouvez, par exemple, pressentir un grave défi financier à venir. Quand vous demandez pourquoi vous avez manifesté ce défi particulier dans votre futur, la réponse intuitive pourrait être qu'il vous fallait apprendre à faire des choix financiers précis et comprendre le pouvoir de l'argent en tant qu'énergie. Vous pouvez choisir d'opérer ce changement maintenant et possiblement éviter d'avoir à faire face à ce défi plus tard. Plus vous acceptez le cadeau ou apprenez la leçon aujourd'hui, moins difficile sera le défi à venir. Puisque vous en avez détruit la nécessité, il se peut fort bien qu'il ne survienne jamais.

Si le défi futur semble inévitable, vous pouvez choisir qui vous serez devant ce défi, comment vous l'accepterez et composerez avec lui dès qu'il surgira. Ce qui vous donne l'occasion de relever ce défi avec une aisance et une grâce relatives. Quand vous y êtes préparé, vous pouvez approcher presque tout avec quiétude et lucidité.

Finalement, si un défi se présente, cherchez la grâce. Que vous offre ce défi? Vous l'avez attiré dans votre vie pour une raison. Profitez-en au maximum. Puis allez de l'avant. Plus vous êtes conscient, plus votre intuition est développée, plus vous pourrez percevoir ce qui reste à venir et demeurer équilibré, serein et en paix tout en cheminant.

La méditation sur le Point de Quiétude est un merveilleux point de départ pour vous préparer à faire face aux défis lorsqu'ils surviendront. Dans les deuxième et troisième maisons, vous avez maîtrisé d'autres outils pour traverser défis et conflits et pour créer des champs de réalité. Utilisez-les. Regagnez ces maisons et menez à bien le défi qui se présente. Puis reprenez votre cheminement avec une lucidité et une quiétude plus grandes.

Dans le processus de manifestation, qui dit temps dit aussi foi et patience. Selon Confucius : « Ce qui en impose ne redoute pas le temps. » Si vous vivez dans un champ de réalité qui sert votre vision, si vos pensées, intentions, croyances et actions sont alignées sur le potentiel de votre vision et sur votre âme, et si vous voulez bien laisser le potentiel se manifester de la meilleure façon possible, les choses et l'énergie ne pourront que bouger. Soyez patient et laissez les choses se dérouler quand bon leur semblera. Soyez confiant que les choses avancent.

Parfois cependant, la patience peut servir de prétexte à ne pas avancer. Vous pouvez vous dire que, faisant preuve de patience, vous attendez que les choses se déroulent quand en fait, vous évitez d'avancer. Sachez reconnaître la différence. Vous saurez par intuition ce qu'il en est pour vous. La vraie patience est synonyme de paix et de tranquillité. Se servir de la patience comme prétexte ne peut que créer éventuellement un conflit intérieur et devenir une fuite d'énergie car, à un certain niveau, vous savez que vous évitez d'accomplir votre objectif. Vous savez ne pas être la véritable escorte dont votre projet a besoin pour se manifester et prendre forme.

Dans cette quatrième maison, vous recevez une guidance du futur qui peut influencer votre processus de manifestation. Vous prolongeant dans la partie intuitive de votre mental, vous explorez diverses possibilités quant à la façon dont le potentiel optimal de votre vision pourrait se manifester et vous choisissez un aboutissement spécifique sur lequel vous vous concentrez tout en poursuivant ce voyage de manifestation. Alors que vous terminez votre travail dans la quatrième maison, prenez le temps de considérer les questions suivantes :

- Que savez-vous de plus au sujet de votre projet, de son potentiel et de ses possibilités, du parcours qu'il vous reste encore à couvrir?
- Maintenant que vous êtes allé dans le futur, certaines façons de penser, certaines habitudes ou croyances doivent-elles changer pour faciliter au mieux la manifestation de votre vision? Dans l'affirmative, quelles sont-elles et comment pouvez-vous opérer ces changements?
- Êtes-vous patient quant à votre projet? Y a-t-il un bon équilibre? Devez-vous être plus patient? Hésitez-vous à aller de l'avant?
- Retour sur la maison nº 1 : En quoi votre compréhension de votre projet ou vision a-t-elle changé maintenant que vous êtes allé dans le futur? Vos intentions et vos engagements ont-ils besoin d'être revus?
- Retour sur la maison nº 2 : Votre sentiment de quiétude est-il compromis de quelque façon dans la troisième maison maintenant que vous êtes allé dans le futur? Dans l'affirmative, que faudrait-il changer?
- Retour sur la maison nº 3 : Le fait d'aller dans le futur a-t-il engendré plus d'enthousiasme et de motivation pour votre projet ou moins? Si la réponse est moins, que faudrait-il changer?

Chapitre 7

MAISON n° 5 : RENFORCEMENT

Tirez le maximum des personnes qui participent à votre projet.
Considérez votre projet dans le contexte de la communauté.
Déterminez et assumez le leadership requis pour votre projet.

Habiliter quelqu'un, c'est lui donner le pouvoir ou l'autorité dans un domaine particulier. On pourrait aussi dire qu'habiliter une personne ou un groupe revient à susciter le pouvoir qui les habite — à susciter leurs points forts, leurs talents, compétences et aptitudes, ainsi que leur savoir et leur sagesse. La cinquième maison de la Roue de la Manifestation vous demande de voir comment votre vision ou projet tire le maximum de vous et de chaque personne qu'il touchera. Il vous demande aussi d'examiner si votre projet sert ou non tous les participants, vous compris. Et encore de vous assurer que le message que votre projet transmet au monde est en harmonie avec son potentiel.

Un vieux proverbe irlandais dit : « Chacun vit en prenant refuge en son prochain. » La cinquième maison de la Roue vous demande de considérer votre projet dans le contexte de votre communauté, de l'impact qu'il aura sur autrui et de la façon dont il servira le bien de tous. Elle vous demande d'évaluer vos relations et de clarifier lesquelles vous servent, vous appuient et vous habilitent à manifester votre vision. Elle vous demande aussi de déterminer quelles relations vous encouragent à vivre votre potentiel optimal et lesquelles n'en font rien. Elle vous demande encore de considérer comment votre projet pourrait effectivement améliorer les relations en les élevant au prochain niveau de « nourriture » et de support. Sans oublier de voir cette « nourriture » dans le contexte du potentiel plutôt que de la voir comme simple moyen d'assurer le bien-être d'un groupe ou d'une personne.

Enfin, la cinquième maison explore votre rapport au leadership, spécialement en ce qui concerne votre projet. Le projet même vous appelle-t-il au leadership et, dans l'affirmative, à quel niveau : personnel, familial, organisationnel ou à plus grande échelle : corporatif, communautaire, politique?

Amorcez votre travail dans la Maison du Renforcement en considérant nourriture spirituelle et support en relation avec votre projet et votre vie en général. Nourrir quelqu'un ou quelque chose revient à en prendre soin, le protéger, pourvoir à ses besoins et l'appuyer pour en réaliser le potentiel optimal. La cinquième maison vous appelle à vous nourrir ainsi qu'à nourrir les autres participants à votre projet. Elle vous appelle à vous laisser nourrir par autrui et par le projet même. Vous nourrir signifie puiser dans le potentiel optimal qui vous est accessible dans divers aspects de votre vie et à laisser ce potentiel vous guider dans votre développement.

Se nourrir ne signifie pas nécessairement s'assurer de son bien-être. Dans une situation particulière, vous nourrir peut signifier vous lancer un ou des défis, tout comme l'oiselle pousse ses petits hors du nid pour les forcer à voler. Nourrir les autres signifie favoriser leur croissance sur leur voie d'évolution — les aider à être tout ce qu'il leur est possible d'être dans leur propre potentiel, leur propre pouvoir, leur propre force, non dans ce que ou qui vous voulez qu'ils soient ou pensez qu'ils devraient être. Ce n'est pas une licence de manipulation de soi ou d'autrui. C'est une façon de permettre aux autres d'être tout ce qu'il leur est possible d'être. En tant qu'escorte de votre vision, votre travail consiste en partie à nourrir le potentiel optimal de votre projet et de l'aboutissement choisi dans la quatrième maison ainsi qu'à nourrir l'ultime potentiel de tous ceux qui participent directement ou indirectement à sa manifestation. Votre direction et votre guidance dans ce contexte viennent de l'écoute intuitive du potentiel même, de votre âme et de celles des participants. À travers cette prise de conscience, vous trouverez les meilleures façons de susciter le maximum de pouvoir, de compétence, de savoir et de potentiel chez chacun et en vous-même pour le processus de la manifestation.

Nous influençons et sommes tous influencés par notre entourage, que nous le voulions ou non. Les pensées, sentiments, attitudes et croyances des gens avec qui vous passez votre temps vous marquent, surtout quand vous n'êtes pas sûrs de vos propres croyances et sentiments. Il est donc important de choisir avec sagesse vos fréquentations. Pensez aux personnes qui peuplent votre vie, pas seulement celles que vous jugez importantes, mais celles avec qui vous passez la plus grande partie de votre temps. L'exercice suivant peut vous aider à voir plus clairement la façon dont elles vous influencent.

☞ Exercice 13 :

Connaître les personnes qui peuplent votre quotidien

Faites une liste des six à huit personnes avec qui vous passez la plus grande partie de votre temps. Il ne s'agit pas nécessairement de celles que vous aimez le plus ou que vous considérez comme les plus importantes. Ce sont plutôt des gens avec qui vous passez le plus d'heures : collègues de travail, partenaires, amis et famille. Pensez à chacun, mais pas tous à la fois. Comment sont-ils? Soyez impartial. Sans juger de leur intégrité ou de leur caractère, contentez-vous d'observer. Tout en considérant chaque personne, demandez-vous :

- Comment vous sentez-vous auprès de cette personne? Êtes-vous toujours heureux de la voir ou espérez-vous pouvoir l'éviter? Pourquoi?
- Cette personne sait-elle qui elle est et ce qu'elle veut dans la vie?
- Cette personne voit-elle grand? Pense-t-elle de façon non conventionnelle ou est-elle coincée dans des systèmes de croyances contraignants?

- Est-elle fonceuse ou se satisfait-elle du strict minimum?
- Quelle serait sa devise si elle en avait une? (Exemples : « Tout est possible. », « J'ai horreur du changement. », « La chance me sourit toujours .», « Pourquoi cela m'arrive-t-il? »)
- La recommanderiez-vous comme mentor potentiel ou comme un puissant modèle positif?
- Vous sentez-vous grandi et stimulé après avoir passé du temps avec cette personne ou êtes-vous soulagé de pouvoir la quitter?
- Profiterait-elle de ce que vous restiez exactement comme vous êtes ou vous encourage-t-elle à grandir?

Ce sont peut-être des personnes charmantes et au grand cœur que vous aimez profondément, mais elles pourraient aussi être coincées ou épuiser votre énergie. Si vous passez beaucoup de temps avec elles, le défi auquel vous faites face consiste à parer leurs modes de pensée contraignants. Ce qui consomme une bonne partie de votre énergie qui pourrait servir à d'autres fins.

Après avoir considéré chaque personne, choisissez-en plusieurs dont vous pensez honnêtement qu'elles pourraient vous enseigner d'enrichissantes leçons — celles que vous considérez comme des modèles. Dans les jours et les semaines à venir, concentrez-vous sur la façon dont vous pourriez passer plus de temps avec ces personnes positives et apprendre d'elles.

Avant de conclure cet exercice, repensez à plusieurs des candidats sur votre liste. Comment chacun d'eux répondrait-il à ces mêmes questions à votre sujet?

Il s'avère tout aussi important d'être entouré de gens qui vous appuient, vous et vos objectifs, et vous exhortent à votre potentiel optimal qu'il l'est pour vous d'en faire autant pour eux. Ceci crée un environnement de nourriture spirituelle, d'appui et d'habilitation. Plus vous vivrez dans un tel cadre, plus il vous sera facile de rester concentré sur votre projet et de préserver l'alignement énergétique requis pour la manifestation. Il est aussi utile d'avoir au moins une personne dans votre vie qui soit plus avancée que vous dans son cheminement, quelqu'un avec qui partager vos idées, quelqu'un que vous admirez et avec qui vous pouvez avoir des discussions stimulantes. Une partie du travail dans cette cinquième maison consiste à vous assurer d'avoir dans votre vie des personnes attentionnées ou qui peuvent vous servir de mentor, et de fournir vous-même cette énergie aux autres selon les besoins de la manifestation de votre vision.

La cinquième maison vous exhorte également au leadership de votre projet de manifestation. Escorte de votre vision, vous avez déjà assumé le rôle de leader à un certain niveau. Tout en progressant vers la sixième maison, où vous dresserez un plan d'action, vous devez pleinement exercer le rôle de leader que votre projet exige. Chacun est plus ou moins à l'aise quand vient le temps de se dire leader. Que représente le leadership à vos yeux? Est-ce un rôle que vous pourriez facilement assumer ou serait-ce un défi? Prenez le temps de faire l'exercice suivant avant d'explorer plus avant la notion de leadership.

☞ Exercice 14 :

Explorer votre potentiel de leadership

Vous aurez besoin de plusieurs feuilles de papier vierge et un stylo pour cet exercice. Installez-vous confortablement là où vous ne serez pas dérangé pendant les quinze à trente prochaines minutes ou peut-être plus.

Au centre d'une page blanche, écrivez le mot « intégrité » et entourez-le d'un cercle. Maintenant, écrivez sur cette page tous les mots que vous inspire ce mot. Quand les mots cessent de vous venir à l'esprit, commencez une nouvelle page avec le dernier mot que vous avez écrit. Écrivez-le au centre de la page et tracez un cercle tout autour. Puis continuez la libre association en écrivant sur cette page chaque mot qui vous vient à l'esprit, inspiré par celui qui est écrit au centre de la feuille. Continuez jusqu'à ce que vous soyez à court de mots. Commencez ensuite une nouvelle page avec le dernier mot écrit et répétez le même processus. À un certain point, si vous avez une révélation, une nouvelle compréhension ou si vous êtes confronté à un problème personnel, mettez fin à la libre association. Prenez une nouvelle feuille de papier, écrivez ou dessinez cette pensée sur celle-ci. Si une révélation spécifique ne survient pas, alors continuez l'exercice jusqu'à ce que vous ayez rempli plusieurs pages. Arrêtez-vous et songez à ce que vous avez écrit. Quels mots vous surprennent? Pourquoi? Quelle impression vous a fait cet exercice? Quels *patterns* décelez-vous dans ce que vous avez écrit? Qu'apprenez-vous ainsi sur votre rapport avec l'intégrité?

Quand vous aurez terminé votre travail avec le mot « intégrité », reprenez le même processus avec les mots « valeurs » et « leadership ».

Enfin, répétez le même processus avec vos nom et prénom suivis du mot « leader ».

Lorsque vous aurez terminé, prenez le temps de vous établir en votre Point de Quiétude. Quand vous serez enveloppé de silence, considérez les questions suivantes. Prenez le temps de méditer chaque question et quand vous êtes prêt, tournez-vous vers votre journal pour écrire.

- Vous considérez-vous comme une personne intègre? Comment votre intégrité se manifeste-t-elle dans vos interactions avec les autres? Y a-t-il des places où vous manquez d'intégrité? Quels changements devrez-vous faire dans ces endroits pour la retrouver?
- Quelles sont vos valeurs principales?
- Au fur et à mesure que ce projet de manifestation se déroule, reste-t-il aligné sur vos valeurs principales ou celles-ci sont-elles compromises de quelque façon? Si elles sont compromises, que faudrait-il changer pour réaligner votre projet ou votre vision sur vos valeurs?
- Vous considérez-vous comme un leader? L'idée d'être leader vous plaît-elle?
- Qu'avez-vous appris sur vous-même dans cet exercice? Qu'avez-vous appris sur votre rapport avec le leadership?

Devenir un leader

Il faut franchir trois étapes fondamentales pour devenir un leader : suivre un leader, l'autoleadership, et guider autrui. Avant de pouvoir devenir leader, il faut suivre des leaders pour apprendre, grandir et se développer. À un certain point, vous arrivez à la seconde étape, celle du leadership personnel, où vous devenez leader de votre propre vie. Vous choisirez ou ne choisirez peut-être jamais d'entrer officiellement dans la troisième étape du leadership — guider autrui. Si vous voulez manifester des visions, accomplir des objectifs et mener des projets à terme, vous devez toutefois devenir tout au moins le leader de votre propre vie. Personne ne peut le faire à votre place. En dernière analyse, vous devez décider de ce que vous ferez de votre vie et comment vous allez revendiquer la responsabilité de mener vos projets jusqu'à leur manifestation.

La plupart des leaders qui ont réussi possèdent certaines caractéristiques communes. D'abord et avant tout, le leader doit avoir une vision claire, sans laquelle on est perdu, désorienté. Vous avez déclaré une intention dans la première maison et vous êtes parti dans une direction spécifique menant à votre projet. Dans chaque maison consécutive, cette vision a évolué de quelque manière vers sa manifestation. Dans la quatrième maison, vous avez choisi, parmi plusieurs possibilités, une voie spécifique sur laquelle vous concentrer. Maintenant, dans la cinquième maison, on vous exhorte à un engagement plus profond en rapport avec cette intention et votre projet. Ici, vous vous engagez plus entièrement à montrer le chemin jusqu'à sa manifestation. De plus, en tant que leader de votre projet de manifestation, vous devez être sincère, passionné et bien vous exprimer alors que vous partagez votre vision avec les autres. Vous devez clairement communiquer l'importance de la vision qui se manifeste. Désormais, l'énergie augmentera et l'on pourrait vous demander de parler de votre vision de façon publique alors que vous alignez l'énergie sur les conditions requises pour qu'elle se manifeste.

Un leader doit aussi s'efforcer de rapprocher les gens et les idées. Il peut s'avérer essentiel pour votre projet que certaines personnes ou organisations l'appuient. Or, il se peut que certains n'en comprennent pas tous les aspects. La cinquième maison vous exhorte à exprimer clairement votre vision afin de créer les alliances dont vous avez besoin et d'encourager ceux et celles qui hésitent à s'engager.

Cette maison vous exhorte aussi à jouer le rôle de médiateur quand surviennent conflits ou défis — cette personne pondérée qui peut écouter toutes les versions de l'histoire et aider tous les participants à s'écouter mutuellement. Ce qui inclut le fait d'harmoniser les croyances et les désirs incompatibles qui vous habitent. D'une certaine façon, la cinquième maison élève l'énergie de la deuxième à un niveau supérieur. Les enjeux montent. Vous êtes maintenant bien avant dans le processus de manifestation. Ceci signifie souvent être l'observateur compatissant, enraciné dans votre centre supérieur du cœur (voir chapitre 4), ainsi que vous observer avec compassion. C'est une aptitude très précieuse lorsque vient le temps d'identifier et d'exprimer des vérités désagréables à entendre — de dire les choses telles qu'elles sont et de composer avec la réalité d'une situation. En tant qu'observateur compatissant, vous pouvez aider les autres et vous-même à faire face et à composer avec toute vérité déplaisante afin de servir au maximum la manifestation du potentiel de votre vision. Une fois que vous aurez commencé à créer et à exécuter votre plan d'action dans la sixième maison, il sera plus difficile de rebrousser chemin. Dans la cinquième maison, vous vous assurez que tous les éléments de votre projet sont vraiment alignés à tous les niveaux avant de vous lancer dans l'action.

Un vrai leader investit tous ceux qui l'entourent du pouvoir de faire de leur mieux. Ce qui revient à faire briller leurs points forts et leur potentiel et à les aider à voir comment ils peuvent développer ces qualités. Habiliter autrui, c'est en faire autant pour vous-même, car vous créez ainsi un espace énergétique où chacun fonctionne de son mieux. Vous créez un environnement où chacun vise haut et établit un modèle difficile à surpasser. Vous pouvez faire cela non en engendrant le stress et en faisant pression sur quelqu'un pour qu'il produise, mais en créant désir et enthousiasme chez tous les participants pour qu'ils se développent au maximum et qu'ils offrent ce qu'ils ont de mieux au monde à travers la pensée et l'action.

Finalement, en tant que leader de votre projet de manifestation, vous devez garantir que l'impulsion continue de s'accroître. Vous devez inspirer et motiver autrui. Au fur et à mesure que l'impulsion s'accroît, tous les participants s'enthousiasment, et l'enthousiasme croissant accroît l'impulsion.

Pour être un leader, il vous faut prendre un engagement personnel au mouvement et à l'action envers votre vision. Trop nombreux sont ceux qui veulent bénéficier de la manifestation sans agir ou travailler en ce sens. Le vrai leader réalise que rien ne peut être accompli sans travail. Nous l'avons souligné à plusieurs reprises dans le paradigme de manifestation, un important pourcentage du travail s'effectue au niveau de la pensée. Considérez que vous êtes plus qu'à mi-chemin dans la Roue de la Manifestation et que nous n'avez pas encore atteint la Maison de l'Action. La plus grande partie de votre travail s'est accompli jusqu'ici dans le monde invisible de la pensée, du sentiment, de l'énergie et du concept. Ce n'est qu'après avoir fait le travail intérieur pour aligner pensée, intention, croyance et décision sur le potentiel que vous serez vraiment prêt à agir dans le monde tridimensionnel.

Nous sommes tous nés pour accomplir différentes choses, différentes missions spirituelles, et pour manifester différentes visions. Or, peu importe quels talents vous ont été donnés à la naissance, il faut les développer et les raffiner. Cela vaut également pour le leadership. Quand vous considérez votre projet et reconnaissez qui vous devez être, comment vous devez concentrer votre énergie et votre pensée et quelles conditions doivent être créées pour manifester votre vision, vous découvrez quels talents et compétences vous devez développer pour offrir le leadership requis pour votre projet personnel. Recherchez ceux qui peuvent vous servir de modèles. Il n'est pas nécessaire que vous les connaissiez personnellement. Qui voulez-vous imiter dans la vie? Choisissez vos mentors avec prudence, puis apprenez tout ce qu'il vous est possible d'apprendre d'eux — de leurs erreurs à leurs succès.

Votre projet de manifestation transmet un message au monde. La cinquième maison vous demande d'être clair quant à ce message et de vous assurer que c'est bien celui que vous voulez faire passer. Ici, vous devez aussi vous assurer que le message est en harmonie avec le potentiel optimal de votre projet.

Prenez le temps de répondre aux questions suivantes dans votre journal :

- Quel message reçoivent les gens alors que je manifeste cette vision?
- Est-ce le message que je veux qu'ils reçoivent?
- Comment la manifestation de cette vision me sert-elle directement? Quels en sont les cadeaux?
- Comment la manifestation de cette vision sert-elle les autres? Quels en sont les cadeaux pour eux? Quel message communique-t-elle à la communauté quant à qui je suis?

Une autre considération importante lorsqu'il s'agit de nourriture spirituelle, de leadership et d'habilitation dans la manifestation est comment et où vous créez et respectez vos limites personnelles, surtout en ce qui concerne votre projet. Dans toutes les activités de la cinquième maison, la frontière est très mince entre ne pas en faire assez et exagérer en en faisant trop — entre vous donner à votre projet ainsi qu'aux autres et vous perdre dans le processus.

Établir des limites précises est l'un des plus grands cadeaux que vous puissiez vous offrir ou offrir à ceux avec qui vous travaillez ainsi qu'à votre projet. En respectant votre espace, votre vision, vos besoins et vos désirs personnels, vous encouragez les autres à respecter les leurs. Vous ne pouvez pas manifester la vision d'autrui pour lui ou le protéger des leçons de vie qu'il est ici pour apprendre. Vous ne pouvez pas assumer ses sentiments pour lui ou le protéger de toute peine. Lui non plus ne peut rien faire de tout ça pour vous. Vous pouvez toutefois vous assurer de toujours agir avec intégrité et compassion, voyant chacun sous un jour on ne peut plus favorable. Comprendre et embrasser ce concept vous permet d'établir des limites qui peuvent en fin de compte investir de pouvoir tous les participants. Il n'en tient ensuite qu'à chacun d'accepter ou non cette habilitation.

Une partie du travail dans la cinquième maison consiste à reconnaître le rôle que vous avez assumé pour votre projet et la façon dont les autres vous perçoivent. Il s'avère important de considérer les points suivants:

- Est-ce un rôle que vous voulez jouer?
- Est-ce ainsi que vous voulez que les autres vous voient?
- Le fait de jouer ce rôle enrichit-il votre vie ou vous en coûte-t-il?
- Ce rôle que vous avez assumé sert-il vraiment votre vision?
- Le fait que vous jouez ce rôle aide-t-il les autres à être tout ce qu'il leur est possible d'être?

Sans une conscience lucide et un enthousiasme à poser les questions difficles et dire les vérités désagréables,nourriture spirituelle, leadership et service peuvent dégénérer en codépendance. Vous pouvez assumer des rôles ou vivre des *patterns* qui vous gardent, vous et votre entourage, à l'aise et à l'abri des défis que vous ne voulez pas affronter. Ou vous pouvez vous retrouver dans un rôle assumé depuis longtemps, sans réaliser ou penser aux conséquences à long terme. Ces questions brutales doivent être abordées ici, dans la cinquième maison, pour que vous puissiez entrer dans la Maison de l'Action dégagé de rôles et de titres qui sont en conflit avec votre projet ou vision.

Tout en considérant comment nourriture spirituelle, leadership et habilitation s'inscrivent dans votre projet particulier de manifestation, examinez vos motivations réelles. Pourquoi posez-vous des gestes particuliers de nourriture spirituelle, de leadership ou d'habilitation? Précisez que vous faites des choix fondés sur l'escorte du potentiel optimal de votre vision et que vous faites appel au potentiel optimal de tous les participants.

Soyez honnête avec vous-même quant à ce que vous pouvez et ne pouvez pas faire. Quand vous dépensez trop de temps, d'énergie, d'argent ou de vous-même, tous les participants au projet finissent pas en souffrir. Ne vous comparez pas à ce que les autres sont capables de faire ou ce qu'ils choisissent de faire. C'est leur cheminement. Vous avez votre propre cheminement à suivre. Soyez fidèle à celui-ci ainsi qu'à l'énergie et au potentiel optimal à votre disposition, à votre cœur.

Continuez de communiquer de façon aussi honnête qu'ouverte avec tous ceux qui participent au projet. La rupture ou le manque de communication est la cause de la plupart des problèmes. Quand quelque chose doit être dit, dites-le clairement, simplement et honnêtement, avec le cœur. Demandez d'être entendu avec le cœur. Et offrez ce même cadeau à chacun.

Connaissez vos priorités et respectez-les. Quand on vous demande de jouer un rôle ou d'accepter une tâche qui vous semble en conflit avec votre projet ou qui vous éloignera du potentiel, dites « non ». Laissez aller ce qu'il ne vous revient pas vraiment de faire, du moins pour l'instant. Quand les gens vous demandent ce que vous ne pouvez pas donner, envoyez-les à quelqu'un qui le peut. Respectez votre vision et votre engagement à escorter son potentiel.

La Maison du Renforcement marque la dernière étape avant de concevoir, de créer et d'exécuter votre plan d'action. Dans cette maison, vous passez à l'action et vous vous réengagez envers votre projet à de nouveaux niveaux. Tout en vous préparant à entrer dans la Maison de l'Action, vous êtes sur le point de manifester votre vision sur le plan physique. Elle va bientôt devenir réalité. Au moment où le potentiel prend forme, il revêt une vie tridimensionnelle qui lui est propre. La Maison du Renforcement représente votre dernière chance de vérifier que, sur le plan énergétique, tout est en place et vous vous sentez bien au sujet de la direction que prend votre vie et de ce que vous manifestez. Avant d'entrer dans la Maison de l'Action, prenez le temps de répondre aux questions suivantes dans votre journal :

- En quoi ce projet vous exhorte-t-il à être tout ce qu'il vous est possible d'être? En quoi vous défie-t-il de grandir de façon aussi positive que constructive?
- En quoi votre projet exhorte-t-il tous les participants à être tout ce qu'il leur est possible d'être? En quoi les défie-t-il de grandir de façon aussi positive que constructive?
- Votre projet manipule-t-il de quelque façon qui que ce soit, vous compris, pour qu'il soit quelqu'un qu'il n'est pas?

- Est-ce qu'un élément quelconque de ce projet ou de son processus pourrait nuire à quelqu'un ou à quelque groupe ou organisation?
- Quels talents ou caractéristiques de leader devez-vous développer ou raffiner pour accomplir votre objectif?
- Aimez-vous la personne que vous devenez en poursuivant ce projet?
- Alors que vous regardez les autres participants au projet, aimez-vous ce qu'ils deviennent à travers ce processus?
- Retour sur la maison n° 1 : En quoi votre travail dans cette maison vous aide-t-il à voir votre vision et à vous engager envers elle de façon plus claire?
- Retour sur la maison n° 2 : Après votre travail dans cette maison, votre sentiment de quiétude quant à la manifestation de votre vision a-t-il été compromis de quelque façon? Dans l'affirmative, que faudrait-il changer?
- Retour sur la maison n° 3 : Après votre travail dans cette maison, ressentez-vous plus d'enthousiasme et de motivation pour l'accomplissement de votre vision ou moins? Si la réponse est moins, que faudrait-il changer?
- Retour sur la maison n° 4 :Après votre travail dans cette maison, voyez-vous le futur différemment? Dans l'affirmative, comment cela vous guide-t-il? Faut-il changer quelque chose?

Chapitre 8

MAISON nº 6 : ACTION

Créez un plan d'action initial.
Exécutez ce plan.

Nous voici enfin arrivés à la sixième maison, appelée Action. Il est temps de créer un plan et de le mettre en place. Plusieurs caractéristiques du plan d'action de manifestation le distinguent d'un plan traditionnel. Premièrement, votre compréhension intuitive du potentiel du projet même, la guidance que vous recevez de l'alignement sur ce potentiel et sur la Conscience et votre expérience du souvenir du futur que vous laisserez vous guider. Ces caractéristiques imprègnent fortement le design et la création de votre plan et le développent bien au-delà de l'approche intellectuelle de « chercher à comprendre ». Deuxièmement, dans un plan d'action de manifestation, vous vous concentrez sur qui vous êtes dans l'exécution de ce plan et sur le maintien de l'alignement de vos pensées, croyances, intentions, décisions et actions sur le potentiel énergétique. Enfin, l'exécution du plan continue à être guidée par le potentiel jusqu'à ce que la manifestation complète soit réalisée.

Il importe de noter que ce que vous créez dans la sixième maison est votre plan d'action initial — votre premier jet — un point de départ. Ce plan deviendra une entité vivante dont le souffle et la force vitale sont le potentiel de votre projet. Au fur et à mesure que vous exécutez ce plan, le projet évoluera, le potentiel se déploiera et vous verrez de plus en plus clairement le chemin menant à la manifestation. Par conséquent, le plan que vous créez maintenant pourra être ajusté, amendé, modifié et révisé quelques fois — sinon plusieurs fois.

Plusieurs éléments de votre plan d'action sont peut-être déjà en place alors que, pour l'instant, vous n'avez peut-être pas la moindre idée des éléments manquants. Toutes les étapes à suivre ne sont peut-être pas évidentes au début. C'est tout à fait normal. Vous les découvrirez en cours de route. Le processus de la manifestation comporte un élément de mystère et de magie. Il importe de ne pas l'oublier afin de ne pas reporter à plus tard le moment d'amorcer le processus sous prétexte que nous n'en voyez pas encore toutes les étapes. Même si vous pensez connaître toutes les étapes de la manifestation complète de votre vision, il est néanmoins fort possible qu'il survienne quelque impondérable que vous n'aurez pas prévu. Ce sera pour vous l'occasion d'apprendre et de grandir. La vie, tout comme votre projet, vous réserve des surprises dont certaines représenteront d'importants défis. Toutefois, si vous apportez ces défis dans le silence et composez avec eux comme vous l'avez fait en créant des champs de réalité dans la troisième maison et des occasions dans les deuxième et quatrième maisons, ils pourraient vous propulser vers votre but.

Plus vous aurez de passion et d'engagement pour votre projet, plus celui-ci sera étroitement aligné sur votre âme, et par conséquent, plus il est probable qu'il comporte d'importantes leçons et occasions de croissance et de transformation. Pas besoin de vous inquiéter maintenant de ce qu'elles pourraient être : elles apparaîtront si cela doit être et dans ce cas, quand le moment sera venu. Votre travail consiste à demeurer aussi concentré qu'engagé et à reconnaître et à embrasser les leçons et les occasions lorsqu'elles surviendront.

Commençons donc à créer votre plan d'action. Il vous faut un carnet ou un ordinateur portable pour noter les composantes du plan au fur et à mesure que vous les découvrirez.

Arrêtez-vous à chaque étape du processus pour prendre des notes. Si vous le faites sur papier, utilisez une nouvelle page pour chaque étape du processus afin de pouvoir y revenir pour ajouter des notes supplémentaires. Accordez-vous beaucoup de temps pour ce processus — au moins deux heures — et vous trouverez cette étape passionnante, inspirante et émancipatrice. Laissez l'impulsion s'amplifier au fur et à mesure et si vous commencez à vous sentir débordé face à tout ce qu'il faut faire, arrêtez-vous et prenez quelques respirations profondes avant de continuer. Foncez. Faites une pause s'il le faut, mais pas trop longue afin que vous ne perdiez pas votre concentration.

Commencez à élaborer votre plan d'action en vous projetant dans le futur, un an après que votre projet sera terminé et votre vision pleinement manifestée. Puis remontez dans le temps pour découvrir ce qui a été accompli ou ce qui est arrivé à différents moments cruciaux. Grâce à ce processus, vous cocréez une carte ou un cadre pour votre plan d'action avec le futur, la Conscience et le potentiel de votre projet. Revenez ensuite en arrière pour ajouter tous les détails lorsqu'ils se précisent. Le plus important, c'est de vous amuser avec ce processus, qu'il soit une expérience aussi joyeuse et créative qu'intuitive et passionnante. Vous voudrez peut-être lire l'exercice suivant avant de vous mettre au travail. Reprenez ensuite dès le début et procédez un paragraphe à la fois.

☞ Exercice 15 :

Découvrir le relevé de votre plan d'action

Pour cet exercice, trouvez un endroit spacieux, à l'intérieur ou à l'extérieur, où vous pouvez bouger librement. Ayez papier et stylo ou votre ordinateur portable près de vous. Prenez ensuite quelques instants pour vous établir dans votre Point de Quiétude.

Choisissez un endroit qui représentera pour vous le présent. Debout en cet endroit, déclarez votre intention de la première maison ou votre intention révisée si celle-ci a évolué depuis le début de votre voyage de manifestation. Reconnaissez où en est présentement votre projet ou vision et prêtez une attention particulière à l'impression que vous fait ce projet à l'instant. Qu'en est-il du champ de réalité actuel?

Maintenant, comme si vous accélériez dans le temps, marchez vers un endroit qui représentera pour vous un an après l'achèvement de votre projet, la manifestation de votre vision. Assurez-vous qu'une bonne distance sépare le point de départ de votre projet de son point d'arrivée afin d'avoir assez d'espace pour découvrir des points intercalés dans le temps.

Établissez-vous dans l'endroit représentant un an après l'achèvement de votre projet. Prenez quelques respirations profondes et ressentez l'énergie de cet espace et temps. Absorbez autant que possible l'impression que vous laisse le fait d'être dans cet espace où vous vivez, depuis un an, la manifestation plénière de votre vision. Considérez ensuite les questions suivantes :

- Quel est l'aboutissement de votre projet de manifestation?
- En quoi cet aboutissement est-il un véhicule pour le potentiel optimal du projet?
- Comment la manifestation s'est-elle réalisée? Le processus a-t-il laborieux ou relativement aisé? Avez-vous travaillé seul ou avec autrui? Rétrospectivement, qu'est-ce qui s'avère important un an plus tard quant à la façon dont c'est arrivé?
- Quel impact votre projet de manifestation a-t-il eu sur votre vie et votre situation?
- Quel impact votre projet a-t-il eu sur autrui?
- Qu'est-ce que cela vous apprend sur votre projet?

Prenez le temps de noter vos impressions par écrit avant de continuer.

Quand vous êtes prêt, retournez dans la direction de votre point de départ et choisissez un point représentant le moment où votre projet de manifestation vient juste de se terminer. Quelle est votre première impression de la date? Ne soyez pas surpris si la date que vous recevez s'avère plus tôt ou plus tard que celle que vous aviez prévue. Acceptez ce qui vient pour l'instant. Prenez quelques respirations profondes et célébrez l'achèvement du projet de manifestation. Ressentez l'énergie et décrivez-la. Qu'en est-il du champ de réalité maintenant que le projet vient juste d'être achevé? Méditez sur le voyage de manifestation qui se termine.

- Comment ce voyage s'est-il passé? Maintenant que le processus de manifestation s'achève, que célébrez-vous le plus?
- Le souvenir de ce processus étant encore tout frais dans votre mémoire, qu'en savez-vous désormais?
- Quelles étaient les composantes essentielles de ce processus, tant au niveau de la pensée que de l'action?

Prenez le temps qu'il faut pour vous assurer d'être enraciné dans le champ de réalité de la pleine manifestation. Notez ensuite vos impressions par écrit.

Avant de continuer, faites un petit calcul. Divisez la durée totale de votre projet en de plus petites périodes d'action. À titre d'exemple, si la période de temps du début à la fin de votre projet fut d'un an, divisez-la en six périodes d'action de deux mois. Si votre projet a duré six mois, divisez ce temps en six périodes d'un mois. Si votre projet de manifestation a duré plus d'un an, divisez ce temps en périodes d'action de deux mois pour la première année et en périodes de six mois pour le reste du temps. Si votre projet actuel n'a exigé que deux mois ou moins, vos périodes d'action peuvent se compter en jours ou semaines au lieu de mois. Il n'y a pas de bonne ou mauvaise façon de faire ceci. Faites preuve d'intuition et prenez quelques instants pour déterminer quelles seraient les meilleures périodes d'action pour votre projet.

Maintenant, remontez le temps depuis le jour d'achèvement de votre projet jusqu'à certains jalons temporels spécifiques dont chacun marque la fin d'une période d'action. À chaque jalon, visitez cette période et notez ce qui a été accompli jusqu'à cette date, accumulant ainsi autant de détails que possible. À titre d'exemple, si votre projet a été achevé le 1er septembre et que vous utilisez des périodes d'action de deux mois, votre premier jalon temporel sera le 1er juillet et votre deuxième le 1er mai, et ainsi de suite. Commencez en faisant marche arrière jusqu'à l'endroit représentant le 1er juillet, explorez cette période et cet espace, ce qui a été accompli jusqu'à cette date et comment. Accumulez autant d'information que possible quant à l'endroit où en était votre projet ou vision à cette date.

À chaque jalon temporel, rappelez-vous que vous cocréez ce plan en laissant le projet et son potentiel vous montrer ce qui a été accompli plutôt que de projeter ou de prédire ce qui arrivera. Demeurez intuitif pendant tout le processus et l'on vous montrera la marche à suivre. À ce moment-ci du processus, votre rôle consiste à recueillir toute l'information intuitive et à l'agencer selon un plan écrit.

Choisissez maintenant un point représentant votre premier jalon temporel — celui qui est le plus près de l'achèvement final du projet — et marchez jusqu'à celui-ci. Debout à cet endroit, prenez quelques instants pour vous établir dans cet espace et ce moment. Prenez de profondes respirations et ressentez l'énergie ambiante. Puis considérez les questions suivantes :

- Qu'est-ce qui a été accompli pour votre projet jusqu'ici?
- Comment avez-vous procédé? Quels choix, pensées et actions vous ont amené jusqu'ici?
- Qui a participé au projet jusqu'ici et quel a été son rôle?
- D'où provenaient les ressources temps, argent et aide?
- Quoi d'autre vous faut-il demander au sujet de cet espace en rapport avec votre projet spécifique et son plan d'action?

Prenez le temps de noter toute l'information recueillie avant de passer au prochain jalon temporel.

Quand vous serez prêt, retournez en arrière en dirigeant vos pas vers le point représentant le prochain jalon temporel. Prenez quelques instants pour vous établir dans cet espace et ce moment. Prenez de profondes respirations et ressentez l'énergie ambiante. Puis considérez les questions citées plus haut pour cet autre point de votre processus de manifestation. Là encore, notez toute l'information recueillie avant de passer au prochain jalon temporel.

Reprenez ce processus à chaque jalon temporel jusqu'à ce que vous ayez atteint celui qui est le plus près de votre point de départ. Après avoir recueilli toute l'information disponible, divisez votre dernière période en des laps de temps toujours plus courts. Par exemple, si vous avez travaillé selon des périodes d'action de deux mois, posez un jalon six semaines après avoir amorcé ce projet, puis un mois après, puis à chaque semaine pour le premier mois de votre plan d'action. Ceci vous donnera un plan de départ plus détaillé. Puis redirigez vos pas vers le passé tout en visitant chaque jalon temporel et en recueillant de l'information et ce, jusqu'à ce que vous ayez regagné votre point de départ.

Une fois là, prenez quelques instants pour célébrer ce que vous venez d'accomplir! Vous avez cocréé un relevé pour votre plan d'action. Et ce en laissant le projet et son potentiel vous montrer la marche à suivre. C'est un véritable exploit. Au fur et à mesure que vous exécuterez ce plan, vous y ajouterez des détails et vous l'étofferez, mais vous en possédez d'ores et déjà un relevé d'ensemble.

Revenez maintenant aux notes prises lors de la séance de *masterminding* dans la troisième maison et au moment de votre séjour dans le futur dans la quatrième maison. Vous voudrez peut-être ajouter à votre plan d'action quelques-unes de vos découvertes tirées de ces processus. Demandez au plan lesquelles de ces composantes auraient leur place — et laquelle — dans ce relevé que vous venez de créer.

Remontez le cours de votre relevé d'action dans le sens contraire et dressez la liste des ressources qui ont été requises à chaque étape. Créez une intention pour qu'elles apparaissent lorsque ceci s'avérera nécessaire.

Pour finir, révisez le contenu du relevé d'action pour qu'il commence à faire partie de vous. Ce n'est pas grave si certains aspects du plan vous semblent encore incomplets. (Il y a de fortes chances qu'ils ne soient pas nécessaires dans l'immédiat.) Il n'est peut-être pas encore temps de connaître tous les détails qui s'y rapportent. D'autres choses doivent peut-être se produire d'abord pour que les détails vous apparaissent ensuite. Embrassez le plan tel qu'il est maintenant et foncez. C'est parti!

Exécuter votre plan

Alors que vous vous apprêtez à lancer votre plan d'action, il importe de maintenir le dialogue avec le potentiel et de travailler avec l'énergie. N'oubliez pas que vous avez amorcé votre voyage de manifestation en demandant : « Qu'est-ce qui voudrait se produire? ». Si vous êtes resté fidèle au processus de cocréation jusqu'au bout, votre projet comporte déjà une progression inhérente, car c'est qui veut se produire. De sorte que si vous continuez à tout garder aligné, à maintenir le champ de réalité et à créer les conditions dans lesquelles le potentiel pourra se manifester et prospérer, la plus grande partie du travail est déjà faite. Le potentiel prendra forme puisque c'est ce qu'il désire. Plus vous maintenez le dialogue avec le potentiel et le projet, tout en résistant à la tentation d'analyser, d'intellectualiser ou de forcer un aboutissement, plus les choses arriveront aussi facilement que rapidement.

La flexibilité s'avère essentielle alors que vous exécutez votre plan. L'imprévu sera au rendez-vous. Certaines choses exigeront plus de temps que prévu tandis que d'autres surviendront prestement. Le potentiel et vous cocréez une nouvelle forme, comme si vous dansiez ensemble. Escorte et leader de votre projet, c'est tantôt vous qui menez la danse, tantôt le potentiel. Votre projet progresse désormais et vous devez vous laisser porter par la vague. Tantôt vous devrez peut-être faire un pas en arrière et laisser les choses arriver, tantôt vous devrez foncer. Le secret consiste à demeurer concentré et à laisser la tâche et le projet vous montrer ce qui doit être fait maintenant. Quand vous atteignez chaque jalon temporel dans le processus d'exécution, faites une pause pour réviser le plan selon le besoin avant d'entrer dans la prochaine période d'action. Servez-vous du processus que vous venez de terminer comme modèle pour remplir les détails de chaque nouvelle période d'action. Divisez cette période en intervalles plus courts, puis faites marche arrière à travers ces intervalles temporels. Ce processus vous montrera le relevé de la prochaine période d'action.

Alors que vous exécutez votre plan d'action, il importe de faire le meilleur usage de votre temps et de votre énergie. Ce qui exige une prise de conscience claire de la façon dont vous employez votre temps chaque jour et des activités et responsabilités qui viennent en tête sur votre liste de priorités. Faites des choix conscients et prenez l'initiative dans votre gestion du temps. Revendiquez la priorité absolue de votre projet au niveau du temps et de la concentration. Ne vous perdez pas dans les priorités ou situations d'autrui. Respectez votre engagement à votre projet et son potentiel.

Cependant, la gestion du temps ne revient pas seulement à programmer et à donner un ordre de priorité aux choses à faire. Le maître dans l'art de la gestion du temps reconnaît également l'importance de créer du temps inemployé dans la journée — du temps pour tout simplement « être », pour entrer dans le silence et écouter votre intuition, pour permettre à votre âme et votre projet de vous parler et de vous guider. Ce temps permet aussi aux idées, aux gens et aux circonstances de se présenter au moment idéal pour le déploiement continu de votre vision.

Finalement, il faut aussi trouver du temps dans votre vie pour ce que vous voulez manifester. À titre d'exemple, si vous voulez manifester plus de temps pour votre famille, mais que vous insistez à programmer des rendez-vous sept jours par semaine de 8 heures à 22 heures, il restera peu de place pour que se matérialise du temps pour la famille. Si vous désirez manifester un nouvel emploi, mais que vous ne dites à personne que vous êtes intéressé par un nouveau poste ou que vous n'accordez aucun temps à la recherche d'emploi et aux entrevues, il y a beaucoup moins de chances que l'emploi apparaisse.

Une fois l'espace créé pour votre projet ou vision, laissez votre imagination vous emporter vers cet espace. La photographie spécialisée a révélé qu'avant que la racine d'une plante s'accroisse, elle projette son énergie dans l'espace qu'elle occupera. Le cœur d'un fœtus est à l'origine une cellule dotée d'une pulsation ou d'un battement, bien avant que le cœur soit formé. L'idée du cœur existait d'abord et la cellule en fut infusée. Vous avez maintenant créé un plan d'action qui fera de votre vision une réalité physique. Assurez-vous qu'il y ait de l'espace pour qu'elle puisse se manifester. Remplissez cet espace de votre énergie et de votre intention, puis faites le nécessaire pour compléter la manifestation.

Grâce à ce plan d'action, vous voici investi du pouvoir de manifester votre vision. Il ne vous reste plus qu'à *le faire*. Vous devez poursuivre jusqu'au bout. Vous devez vous discipliner et demeurer vigilant. Vous avez fait le travail intérieur. Vous avez dissipé les blocages énergétiques et le conditionnement dogmatique; vous avez appris à devenir maître de votre pensée. Voici venu le temps de passer à la pratique. En passant à l'action, vous prenez de gros risques. Votre engagement ne se limite plus désormais à la pensée, à l'intention et aux choix. En mettant votre plan en branle, vous vous engagez à l'action.

En exécutant votre plan, vous pourriez rencontrer des risques et des défis que vous n'aviez pas prévus. Vos pires craintes ou vos résistances surgissent souvent lorsque vous êtes sur le point de faire une grande percée ou de recevoir une puissante initiation. À un certain niveau de conscience, vous réalisez que votre vie ne sera peut-être plus la même une fois que vous aurez franchi cette porte. Vous résistez donc, étant peu enclin à renoncer à quelque fantôme du passé ou à quelque savoir ou hésitant à faire quelque chose qui pourrait changer le cours de votre vie. Toutefois, le point où surgit cette résistance est précisément le moment de prendre une profonde respiration et de continuer. Le caractère chinois pour crise signifie à la fois « occasion » et « danger ». Il en va de même pour votre cheminement. Ce que l'on désire le plus est souvent aussi ce que l'on craint le plus. Pour manifester de grands rêves, il faut souvent déployer un grand courage afin d'assumer un potentiel plus profond et commencer à le vivre.

Cela dit, quand vous savez, au plus profond de votre cœur, que quelque chose n'est pas correct, respectez cctte lumière. À toute étape de la planification de l'action et du processus d'exécution, vous pouvez revenir à votre intention et procéder à des révisions si quelque chose ne vous semble pas correct. Respectez votre engagement à votre projet et son potentiel et si, après mûre réflexion, il vous semble qu'il est temps de changer de direction, suivez la guidance du projet et de votre âme et prenez la mesure qui vous paraît juste.

Un dernier — mais non par ordre d'importance — aspect de la sixième maison est la gratitude. Tout en commençant à exécuter votre plan d'action, soyez reconnaissant pour ce qui est accompli chaque jour — en fait, pour tout ce que la vie vous apporte. La gratitude accroît le flot d'énergie de votre vie. Une pratique régulière de la gratitude peut ouvrir un peu plus chaque jour la porte à l'abondance. Rendez grâce de pouvoir partager ce que vous avez reçu et de vivre tout ce que la vie vous offre. Exprimez votre gratitude pour tout ce que vous avez : maison, famille et amis, sans oublier l'argent qui afflue dans votre vie, les défis que vous affrontez et les cadeaux que ceux-ci comportent ainsi que les expériences quotidiennes. Dans le cadre de votre gestion du temps, prenez quelques minutes chaque jour pour vous asseoir en silence, respirer et rendre grâce. Vous verrez alors votre vie croître grandement en abondance.

Pour conclure votre travail dans la sixième maison, prenez le temps de faire un retour sur les maisons précédentes.

- Retour sur la maison n°1 : Ayant créé un plan d'action, y a-t-il eu quelque changement dans votre compréhension de votre vision ou projet? Faudrait-il changer quelque élément de votre intention ou de votre engagement? Dans l'affirmative, que faudrait-il changer?
- Retour sur la maison n°2 : Votre plan d'action compromet-il de quelque façon votre sentiment de paix intérieure? Dans l'affirmative, que faudrait-il changer?
- Retour sur la maison n°3 : Votre plan d'action crée-t-il plus d'enthousiasme et de motivation pour votre projet ou moins? Si la réponse est moins, que faudrait-il changer?
- Retour sur la maison n°4 : Votre plan d'action est-il en harmonie avec ce que vous avez vu du futur? Dans la négative, que faudrait-il changer?
- Retour sur la maison n°5 : En quoi l'exécution de votre plan d'action nourrit-il, investit-il du pouvoir et valorise-t-il votre vie et celle d'autrui?

Une fois que vous avez terminé le relevé de votre plan d'action et que les mesures de votre première période d'action sont claires, vous voudrez peut-être placer cette première période sur sa propre Roue de la Manifestation. Si cette première période d'action semble comporter plusieurs composantes, vous pourriez même initier une nouvelle roue pour chacune d'elles. Vous avez accompli beaucoup de travail sur votre projet global, tant et si bien que presque — sinon toutes — les composantes de votre plan d'action feront le tour de la Roue très rapidement. Vous avez résolu tous les gros problèmes. Allouez-y le temps nécessaire et vous réaliserez le but aussi facilement qu'efficacement.

Félicitations encore une fois! Vous venez de terminer ce qu'un très petit nombre de personnes prend le temps de faire. Vous avez créé un plan. Et plus rares encore sont ceux et celles qui créent un tel plan avec le potentiel et la Grande Conscience. Mettez votre plan en pratique maintenant et regardez votre vision devenir réalité.

Chapitre 9

MAISON n° 7 : LÂCHER-PRISE

Abandonnez-vous au processus de manifestation.
Vivez de façon intuitive.
Ayez confiance que le projet ira là où il se doit d'aller.
Aspirez à la synergie et à la synchronicité
comme une façon naturelle de vivre.
Suivez l'énergie.

Vient un temps dans le processus de la manifestation où vous avez fait tout ce qu'il vous était possible de faire. Vous avez aligné pensée, intention, croyance, choix et action sur le potentiel. Vous avez créé un puissant champ de réalité. Vous avez créé un plan d'action et vous l'avez mis en branle. Votre projet revêt désormais une vie qui lui est propre et, à moins que vous ayez soudain l'impression qu'il part dans la mauvaise direction, il est temps de s'abandonner à l'impulsion et de la laisser vous montrer le chemin vers votre projet. Votre travail dans la septième maison consiste à suivre l'énergie et à servir votre vision alors qu'elle prend forme.

Dans le contexte du processus de la manifestation, l'abandon revêt un sens différent de celui qu'on lui prête habituellement. Il ne signifie pas ici renoncer ou céder, mais bien s'abandonner — vous abandonner entièrement à ce qui voudrait se produire — et vous engager au service de votre projet et en suivre la guidance. Toute votre préparation et votre travail ont abouti à ceci.

Maintenant, laissez-vous porter par l'énergie. C'est une période aussi intense que passionnante. Elle peut parfois s'avérer troublante si vous n'êtes pas sûr de la direction vers laquelle l'impulsion vous emporte ou comment tout cela va finir exactement. Cependant, si vous vous laissez porter par l'impulsion et le potentiel tout en continuant de servir l'aboutissement optimal, il y a de fortes chances que vous manifestiez quelque chose d'égal ou de supérieur à ce que vous espériez initialement.

Nous avons souligné plusieurs fois que l'alignement énergétique était la clé de la manifestation. Pour passer maître dans l'art de la manifestation et de la cocréation, vous devez être apte à faire trois choses : aligner pensée, intention, croyance, décision et action sur le potentiel; vous abandonner à l'impulsion qui naît de cet alignement et vous laisser ensuite porter par celle-ci; créer un espace énergétique où synergie et synchronicité sont considérées comme normales et les miracles font partie du quotidien, enfin vous abandonner à ce processus synergique. En réussissant, vous créez un espace énergétique pour ensuite vous abandonner à ce qui se produira dans cet espace.

La septième maison marque le début de la partie la plus magique et la plus incroyable de votre voyage de manifestation. Jusqu'ici, vous avez rcçu la guidance du potentiel et vous avez mis activement les choses en place pour que le potentiel ait tout ce qu'il requiert pour se manifester. En essence, vous avez jusqu'ici instauré les conditions propices à la manifestation. Dans la septième maison, vous reculez et vous laissez le potentiel se déployer grâce aux conditions favorables que vous avez créées. Ne vous y trompez pas : vous serez encore engagé pleinement au service de votre vision. Maintenant, toutefois, vous laissez la synergie et la synchronicité opérer leur magie. Vous déléguez votre vision à des forces invisibles et au potentiel du projet lui-même, et un nouveau niveau de cocréation commence. Vous reconnaissez que vous n'êtes pas seul dans ce processus de manifestation. Le réseau entier de la Conscience est derrière vous. En vérité, le réseau qui relie tout ensemble est ce qui rend possible cette synergie et cette synchronicité.

Par abandon, on entend ici lâcher prise et permettre à votre projet de vivre sa vie. Au fur et à mesure que votre projet se manifeste, il continuera de vous demander certaines choses. Dans la sixième maison, c'était tantôt vous, tantôt le potentiel qui menait le jeu dans l'exécution de votre plan d'action. Vous étiez tantôt activement engagé à faire avancer les choses, tantôt à vous écarter pour laisser les choses suivre leur cours. Ce partenariat cocréatif n'est pas sans rappeler une course de relais, où une équipe de coureurs travaillent ensemble pour franchir la ligne d'arrivée. Un coureur commence la course en portant le témoin. Rendu à un certain point, le premier coureur passe le bâtonnet à un second coureur et s'arrête pour se reposer. Le second coureur le porte aussi sur une certaine distance pour ensuite le passer à un troisième coureur ou encore au premier coureur. Toute l'équipe participe pleinement à la course même si seulement une personne court à la fois.

Dès le début même de votre voyage de manifestation dans la première maison, vous avez passé votre idée de projet — votre « bâtonnet » — à la Conscience pour ensuite le reprendre et ainsi de suite dans un mouvement alternatif, alignant l'énergie et créant les conditions requises pour en favoriser la manifestation réussie, presque comme si vous prépariez tout pour que la course commence, mettant tout en place et faisant de votre mieux pour enlever et éviter les obstacles. Dans la sixième maison, la course commençait. Vous avez conçu votre plan d'action et vous l'avez mis en branle. Tout en réalisant votre plan, vous passiez le bâtonnet et vous le repreniez, tantôt entre vous et des forces de cocréation invisibles — la Conscience et le potentiel —, tantôt entre vous et d'autres partenaires physiques de cocréation comme des collègues ou des sous-traitants.

Dans la septième maison, vous reconnaîtrez peut-être que de multiples partenaires s'accrochent simultanément aux extrémités du bâtonnet. De multiples mesures sont prises sur le plan physique et, simultanément, il se passe des choses synergiquement et synchroniquement dans le royaume de l'invisible. Votre travail consiste maintenant à abandonner le contrôle du projet à l'énergie et à l'impulsion qui le portent. Tout comme l'énergie et l'impulsion de la course même supportent et soutiennent les coureurs dans la course de relais, l'impulsion et la synergie du processus de manifestation vous supporteront et vous soutiendront si vous vous abandonnez à elles et les laissez opérer leur magie.

Vous en avez probablement fait l'expérience en travaillant sur un projet avec un groupe. Dans la phase initiale du projet, le groupe fonctionne comme une seule entité en partenariat avec une idée. Alors que l'action progresse, les membres du groupe assument des rôles individuels, s'associant et cocréant non seulement entre eux, mais aussi avec l'idée afin de terminer le projet. Chaque personne joue un rôle très important dans l'achèvement du projet, mais personne à lui seul ne fait aboutir le projet. Le meilleur travail d'équipe est accompli quand chacun s'abandonne à l'impulsion du projet et reconnaît qu'il n'est qu'un élément d'une énergie supérieure qui nourrit tous les participants. Dans la septième maison, l'abandon signifie s'abandonner au processus de manifestation, reconnaissant que vous n'êtes qu'un des nombreux partenaires engagés dans la cocréation. Même si vous êtes la seule personne qui travaille directement sur votre projet de manifestation, le projet même, son potentiel et la Conscience n'en demeurent pas moins vos partenaires cocréateurs. Plus vous développerez votre conscience intuitive, plus vous percevrez quand le temps sera venu pour une action spécifique — passer un appel téléphonique, envoyer le communiqué de presse, retirer le filet de sécurité et laisser le projet voler de ses propres ailes.

L'abandon de la septième maison vous permet également de vous reposer. Vous n'êtes plus obligé de porter le bâtonnet à temps plein. Vous n'êtes pas obligé de courir toute la course. Faites votre part, puis passez le bâtonnet à autrui, au potentiel ou à la Conscience — voire aux trois — en espérant que les choses continueront à se développer. Ensuite, reposez-vous et préparez-vous pour le moment où le bâtonnet vous sera retourné.

Être à la tête ou être maître?

Dans un processus de la manifestation, bien que vous ne soyez jamais vraiment « maître » du projet, la septième maison vous demande de renoncer à toute emprise que vous pourriez encore avoir sur celui-ci et d'apprendre la différence entre « être à la tête » et « être maître ». Quand vous êtes maître, vous exercez un contrôle ferme sur tous les aspects de votre projet afin que rien ne puisse se produire sans que vous ne soyez directement impliqué. C'est vous qui faites aboutir le projet. Quand vous êtes à la tête, par contre, vous renoncez au contrôle et vous « dansez » avec tous les partenaires et composantes. Vous demeurez peut-être la principale escorte de cette vision, mais vous avez de nombreux partenaires cocréateurs dans les dimensions physiques et non physiques. Plusieurs choses peuvent se produire sans que vous soyez impliqué pour autant.

Le fait de renoncer à contrôler votre projet ouvre la voie au partenariat cocréatif comme vous ne l'avez peut-être jamais connu. Dans la phase initiale du voyage, vous appreniez que le potentiel a besoin de vous comme escorte et partenaire afin de franchir le pont entre l'énergie et la forme. Dans un même temps, vous avez besoin du potentiel comme guide et inspiration. Dès le début, il existe une relation interdépendante entre vous et le potentiel. Toutefois, les rôles dans le cadre de cette relation évoluent à mesure que vous vous rapprochez de la manifestation de votre projet ou but. Plus le potentiel prend forme dans le monde tridimensionnel, moins il a besoin de vous pour franchir le pont depuis le monde invisible, car il en connaît désormais le parcours. Tandis que vous laissiez le potentiel vous guider sur le plan de la pensée et de la préparation, vous preniez encore les décisions relatives à l'action et à l'intention dans le monde à trois dimensions. Or, maintenant, des synchronicités surviennent, les choses s'arrangent, et il semblerait que le projet même fait des choix et prend des décisions auxquels vous devez réagir. Suivre l'énergie signifie s'abandonner au projet et à la vie qu'il revêt en étant moins une escorte qu'un support. Vos rôles de partenariat cocréatif ont évolué.

Tout cela cependant ne marque que les prémices de l'abandon qu'exige la septième maison. Ici, vous considérez également votre projet dans le contexte élargi de votre vie et où vous en êtes maintenant — les leçons que vous apprenez, les compétences que vous développez ou raffinez, les cadeaux que vous donnez. Cette maison vous demande d'envisager votre projet dans le contexte de votre mission spirituelle ou votre but dans la vie. Elle vous demande de considérer à quoi vous devez vous abandonner dans la vue d'ensemble de votre vie afin de réaliser plus entièrement votre potentiel personnel dans le monde. La septième maison élargit votre perspective de votre vision et de son processus de manifestation pour que vous en compreniez la place dans le grand déroulement de votre vie.

Prenez le temps de répondre aux questions suivantes dans votre journal :

- Comment votre projet ou vision s'inscrit-il dans le contexte élargi de votre vie? Comment se rapporte-t-il à votre voyage en cours?
- Comment votre projet ou vision se rapporte-t-il à votre mission spirituelle ou votre but dans la vie ?
- À quoi devez-vous vous abandonner pour réaliser entièrement votre potentiel optimal?

Depuis le contexte de votre vie et de votre mission spirituelle, la septième maison vous exhorte à la prise de conscience de « ce qui voudrait se produire » pour le plus grand bien de tous. Il vous exhorte à être conscient de votre projet et de son potentiel dans la vue d'ensemble du potentiel universel, puis à vous abandonner à ce « ce qui voudrait se produire » universel ainsi qu'à l'énergie de votre vision. Grâce à ce plus grand abandon, l'alignement d'énergie survient à très grande échelle. Maintenant, la Grande Conscience fait le gros travail, supportant le potentiel et vous. Vous ne pourriez trouver plus puissant partenaire cocréatif. Lorsque cocréer avec la Grande Conscience devient une partie naturelle de votre vie, vous êtes vraiment passé maître dans l'art de la cocréation.

Prenez encore une fois le temps de répondre aux questions suivantes dans votre journal :

- Quand vous accédez à « ce qui voudrait se produire » pour le plus grand bien, comment votre projet s'inscrit-il dans ce contexte?

- Qu'apporterait à votre projet et votre vie le fait de vous abandonner au potentiel universel, le potentiel optimal à ce moment-ci pour le bien de tous?

Vivre intuitivement

Dans la quatrième maison, vous avez puisé dans votre intuition pour visiter le futur, demandant à voir des aboutissements possibles pour votre vision. Vous avez transcendé le temps linéaire pour passer dans le royaume de la Conscience, où passé, présent et futur coexistent et les choses n'existent qu'en tant qu'idées et non sous des formes ou en des endroits spécifiques. Vous développez maintenant une nouvelle relation avec l'intuition. La septième maison vous invite à *vivre* de façon intuitive — à engager une conversation continuelle avec votre âme, avec la Conscience et le potentiel optimal en toute situation ou circonstance — et non pas à puiser dans votre intuition de temps en temps. Elle vous invite à une prise de conscience constante que, à un certain niveau de réalité, tout ce qui est arrivé ou arrivera un jour arrive maintenant. Quand vous vivez dans cette conscience constante, se souvenir du futur et en faire venir l'essence énergétique dans le présent devient une partie normale de la vie. À tout instant, vous pouvez entrer dans le royaume de l'espace-temps simultané de la Conscience, choisir ce dont vous avez besoin — savoir ou compréhension, croyance ou circonstance — et le ramener dans cette réalité de l'espace-temps aussi linéaire que physique.

Même si vous ne le réalisez pas, vous passez constamment de la conscience de l'espace-temps linéaire à celle de l'espace-temps simultané. Chaque fois que vous fantasmez ou rêvassez, vous quittez le domaine linéaire. Vous avez commencé à pratiquer de façon consciente ce genre de déplacement avec la méditation sur le Point de Quiétude dans la première maison de la Roue de la Manifestation. Au fur et à mesure que vous progressiez autour de la Roue, votre travail dans plusieurs maisons incluait de quitter toute dimension d'espace-temps linéaire. Bien que changer de temps et d'espace puisse paraître impossible à l'esprit rationnel, une fois que vous êtes disposé à soumettre votre pensée rationnelle à votre mental intuitif, ce phénomène survient naturellement.

Votre mental intuitif englobe votre esprit rationnel, mais il est loin d'être limité par lui. Lorsqu'il est bien développé, il peut fonctionner simultanément dans une dimension d'espace-temps linéaire et dans une dimension d'espace-temps simultané et sans frontière. L'aptitude à aller et venir entre les mondes linéaire et non linéaire fait partie de notre nature humaine. Parce qu'en tant que culture nous avons perdu cette aptitude, cela ne signifie pas pour autant que personne ne peut la développer. Avec l'accroissement du nombre de personnes ayant reconquis cette aptitude, elle pourra refaire partie de notre culture comme c'était le cas dans plusieurs cultures ancestrales et comme ce l'est encore dans quelques cultures non occidentales. La méditation est la porte de cette dimension sans frontière. En développant vos compétences en matière de méditation, vous pourrez devenir maître dans l'art du voyage espace-temps, brisant les liens du temps et de l'espace pour acquérir de nouvelles perspectives et accéder à d'autres réalités.

Plus vous deviendrez expert dans les interactions avec le monde à travers votre mental intuitif, plus facilement vous pourrez aller et venir entre la dimension de l'espace-temps linéaire et le royaume sans frontière. Votre opinion quant à ce qui est ou ce qui n'est pas possible dans le royaume énergétique disparaîtra. Vous reconnaîtrez qu'en fait, toutes les possibilités y existent et qu'il n'en tient qu'à vous de choisir celles avec lesquelles vous voulez faire équipe. Pour vivre intuitivement, vous devez soumettre votre pensée rationnelle à votre mental intuitif. Ce qui signifie aller au-delà d'un processus limité à la pensée vers un autre qui implique tous vos sens internes et externes — pressentir la vie. Ce qui revient à vivre dans une réalité où de multiples futurs existent simultanément et dans lesquels vous puisez régulièrement dans la guidance et la sagesse de la Grande Conscience ce dont vous avez besoin.

L'exercice de méditation suivant adapte la métaphore de l'autoroute du chapitre six; il offre un outil qui vous aidera à vous déplacer facilement entre l'espace-temps linaire et l'espace-temps simultané. Abandonnez-vous à la possibilité que vous pouvez y parvenir et voyez quelle nouvelle prise de conscience cet exercice vous apportera.

☞ Exercice 16 :

Se déplacer à travers l'espace-temps

Retournez à votre Point de Quiétude. Une fois que vous y êtes établi, imaginez une très longue autoroute que rien ne longe et qui s'étend à l'infini en ligne droite dans les deux directions.

Laissez votre imagination transformer cette autoroute en frise chronologique. Le fait d'aller et venir sur cette autoroute représente le temps qui passe, du lointain passé au lointain futur. Imaginez que tout ce qui est arrivé ou arrivera un jour se trouve quelque part sur cette autoroute du temps linéaire.

Imaginez le point sur l'autoroute qui représente le moment présent et placez-vous en cet endroit. Debout, là, à regarder vers le futur, imaginez que juste avant cet instant dans le temps, l'autoroute se divise en plusieurs voies qui partent dans différentes directions — différentes possibilités futures. De votre position actuelle, vous ne pouvez voir très loin dans le futur — seulement jusqu'où votre esprit rationnel peut imaginer. Si vous vous retournez pour regarder vers le passé, vous pourrez peut-être voir un peu plus loin en arrière dans le temps — aussi loin que vous le permet votre mémoire consciente. Vous disposez d'autant d'accès à la frise chronologique linéaire que vous le permet votre esprit rationnel.

Maintenant, élevez-vous dans votre conscience jusqu'à ce que vous flottiez à plusieurs centaines de mètres au-dessus de l'autoroute. Vous pouvez ainsi voir une plus grande partie de l'autoroute ou de la frise chronologique. Vous pouvez voir plus loin dans le passé ou le futur, ce qui inclut de voir plusieurs possibilités quant à la façon dont les choses peuvent se dérouler, car vous pouvez voir où certaines voies du futur aboutissent. En flottant plus haut, vous pouvez voir des étendues encore plus vastes de l'autoroute du temps linéaire. De cette position avantageuse, toutefois, un autre événement magique se produit. Non seulement vous percevez passé et futur, mais tout se déroule simultanément! Plus vous vous élevez au-dessus de l'autoroute, moins c'est une frise chronologique et plus ce n'est qu'une très longue route où des millions de gens, d'endroits et d'événements se déroulent simultanément au même endroit. Prenez le temps de vraiment vivre cette expérience.

Quand vous êtes prêt, demandez qu'on vous montre où se trouve la manifestation plénière de votre projet ou vision dans cette vue d'ensemble du passé, du présent et du futur. Où apparaît-elle sur l'autoroute? De cette haute perspective, comment voyez-vous votre projet ou vision s'inscrire dans le grand ordre de l'Univers?

Il n'est pas difficile d'élargir ainsi le champ de la conscience. Il suffit simplement d'être disposé à se détacher de ce qu'on nous a toujours enseigné comme réalité. Il s'agit simplement de suspendre la pensée rationnelle pour s'abandonner à la possibilité d'une plus grande réalité.

Restez dans cette conscience élargie pendant quelque temps, soit en silence, soit en écrivant dans votre journal. Plus vous pratiquerez cet exercice de méditation, plus vous serez apte à vous élever rapidement au-dessus de l'autoroute du temps linéaire pour passer à un point de vue d'espace-temps simultané. Ensuite, vous pourrez aisément aller et venir entre ces deux perspectives. Armé de cette compétence, vous obtiendrez l'aptitude à percevoir la vie comme un processus simultané. Vous ne serez plus prisonnier des limites de la dimension de l'espace-temps linéaire. Vous pourrez visiter le royaume de l'espace-temps simultané, y prendre ce dont vous avez besoin et le ramener avec vous dans le monde de l'espace-temps linéaire.

Vivre dans cette conscience élargie vous donne une perspective et une compréhension plus grandes du processus. Vous pouvez voir le futur, le vivre sur le plan énergétique et obtenir une perspective du moment où les choses vont se produire et comment elles se produiront. Vous pouvez percevoir simultanément de multiples aboutissements et choisir de voyager sur la voie qui vous conduira vers l'aboutissement de votre choix. Et parce que vous avez vu le futur, vous pouvez espérer que les choses se dérouleront ainsi en temps voulu.

Tout dans la vie opère en cycles et en flots d'énergie. La septième maison vous demande de vous en remettre à ceux-ci. Il y a des forces énergétiques à l'œuvre que l'expérience humaine ne vous permettra jamais de comprendre pleinement. Toutefois, quand ces forces invisibles entrent en action, les choses bougent. La septième maison vous demande de vous abandonner à ces forces — de lâcher prise et de leur faire confiance, puis de retourner à l'action quand la responsabilité vous en est conférée à nouveau.

La septième maison vous demande de vous abandonner aux nombreux niveaux de guidance dont vous disposez et de vivre dans l'espoir que vous saurez où être et quand lorsque quelque chose sera sur le point de se produire. Les bonnes circonstances apparaîtront et vous saurez quel rôle vous devez jouer. Cette maison vous invite à vivre intuitivement, ce qui requiert discipline et pratique — du temps de méditation, de réflexion et d'introspection, de communion avec votre âme, avec la Grande Conscience et le potentiel optimal de votre projet.

Pour conclure votre travail dans la septième maison, prenez le temps de répondre aux questions suivantes dans votre journal :

- Trouvez-vous régulièrement le temps et la place pour la méditation, l'introspection et la réflexion? Conversez-vous intuitivement avec votre âme, la Conscience et le potentiel de votre projet? Dans l'affirmative, comment cela se passe-t-il? Dans la négative, que faut-il pour que vous vous y mettiez?
- Avez-vous effectué le passage de « faire appel à l'intuition de temps en temps » à « *vivre* intuitivement »? Dans l'affirmative, pouvez-vous décrire cette expérience? Dans la négative, comment pourriez-vous commencer?
- Soumettez-vous votre vision aux forces invisibles pour permettre qu'il y ait synergie et synchronicité? Dans l'affirmative, qu'est-ce que vous expérimentez? Dans la négative, que vous faut-il pour être à même de vous abandonner entièrement? Que faut-il pour que cela arrive?
- Retour sur la maison n° 1 : Y a-t-il eu quelque changement dans votre intention et vos engagements personnels à cause de votre abandon à votre projet et son impulsion ainsi qu'au potentiel universel de ce moment?
- Retour sur la maison n° 2 : Votre travail dans la septième maison a-t-il compromis de quelque façon votre sentiment de paix intérieure? Dans l'affirmative, que faudrait-il changer?

- Retour sur la maison nº 3 : Après votre travail dans la septième maison, avez-vous plus d'enthousiasme et de motivation pour votre projet ou moins? Si la réponse est moins, que faudrait-il changer?
- Retour sur la maison nº 4 : Quel impact votre travail dans cette maison a-t-il eu sur votre vision du futur? Faut-il changer quelque chose?
- Retour sur la maison nº 5 : Grâce à votre travail dans cette maison, continuez-vous à voir comment votre projet nourrira et valorisera votre vie et celle d'autrui?
- Retour sur la maison nº 6 : Alors que vous vous abandonnez à des niveaux plus profonds et supérieurs, votre plan d'action a-t-il besoin d'être ajusté? Dans l'affirmative, quels ajustements seraient requis?

La septième maison vous aide à voir que votre vision ou projet est un véhicule de création à de multiples niveaux. Quand vous pénétrez les niveaux supérieurs de la cocréation, vous abandonnez votre vision personnelle au plus grand potentiel de notre culture et de notre civilisation en évolution. Ce qui ne signifie pas pour autant que vous devez vous contenter de moins. Au contraire, cela signifie que vous vous prolongez dans la Conscience universelle et que vous participez activement à la cocréation et à l'évolution continues de votre monde. Vous voyez votre vision ou projet dans un plus grand contexte et vous devenez un participant actif dans la danse synergique de la cocréation avec la Conscience.

Chapitre 10

MAISON n° 8 : HÉRITAGE

Considérez l'impact de votre projet sur le futur.
Considérez l'héritage créé par votre projet et votre vie.
Considérez la viabilité de votre projet
pour le présent et pour l'avenir.

Les aînés de la Confédération iroquoise enseignaient que, dans chaque délibération, nous devons considérer l'impact de nos décisions sur les sept prochaines générations. Les décisions prises et les actions entreprises doivent être fondées non seulement sur les besoins et désirs immédiats, mais aussi sur l'impact qu'elles pourraient avoir sur la vie des petits-enfants de nos petits-enfants. Dans la culture traditionnelle de Bali, les gens croient qu'on se réincarne toutes les sept générations. Par conséquent, leurs choix et leurs décisions sont basés sur la croyance qu'ils reviendront et qu'ils devront vivre avec les conséquences de leurs actions.

La huitième et dernière maison de la Roue de la Manifestation vous exhorte à considérer votre projet ou vision dans cette perspective de long terme. Prenant les considérations de la Maison du Renforcement — comment votre projet nourrit et investit de pouvoirs tous ceux qu'il touche —, elle les porte au-delà de l'impact immédiat, jusqu'aux impacts possibles sur le monde pour les générations à venir. La huitième maison vous demande de considérer comment votre projet ou vision aide d'une certaine manière à créer quelque chose de mieux pour ceux qui viendront après vous. Votre projet doit être viable. Soit il se maintient par lui-même, soit vous mettez en place un système pour aider financièrement les générations futures à le maintenir. Cette maison vous demande de considérer l'impact de votre projet non seulement sur vos descendants immédiats, mais aussi sur ceux de votre communauté et de votre génération.

La plupart diraient que leurs objectifs dans la vie consistent à vivre pleinement, à réussir et à être heureux. À part pourvoir aux besoins de leurs enfants et petits-enfants, plusieurs ne songent guère qu'ils sont responsables de l'avenir du monde ou d'en faire un monde meilleur. Quand ils pensent à l'héritage qu'ils laisseront, c'est habituellement les biens matériels, les contributions ou la renommée qu'ils ont en tête. Quoique de telles contributions peuvent s'avérer importantes, la notion d'héritage inclut également nos façons de penser, de croire et d'être. C'est ce que j'appelle votre « héritage énergétique ». Vos pensées, vos croyances, vos intentions et votre présence au monde sont toutes des énergies et — comme vous l'a appris la métaphore du miroir de l'univers holographique — qui vous êtes et ce que vous pensez et croyez est constamment diffusé dans la conscience collective. C'est la combinaison des pensées, des intentions, des croyances et des actions de chacun qui crée cette conscience collective. Quand pensée, intention, croyance et action sont convergentes et alignées dans un groupe de personnes, un très petit pourcentage de la population — moins de un pour cent — peut avoir un impact important sur la conscience collective.

Vos pensées sont projetées dans l'Univers sous forme de vibrations. Chaque mot que vous prononcez a un impact sur l'énergie ambiante. Chaque action que vous accomplissez renforce les *patterns* énergétiques déjà en place ou aide à leur donner un nouvel aspect. Vos choix présents créent non seulement votre avenir, ils contribuent aussi à la conscience dans laquelle naîtront les générations futures. Telle est la véritable essence de la huitième maison : élever votre conscience individuelle pour le bien des générations futures.

C'est dans le contexte de ce plus grand héritage que vous considérez votre projet ou vision dans cette dernière maison. Celle-ci vous exhorte à une perspective à long terme — à une prise de conscience de l'impact potentiel de votre projet — non seulement pour les prochains mois ou années, mais pour les prochaines générations. Elle vous rappelle également de demeurer conscient de l'héritage supérieur créé par votre façon de vivre tout en vous concentrant sur un projet ou une vision spécifique.

Avant de continuer, prenez le temps de répondre aux questions suivantes dans votre journal :

- Quel héritage énergétique créez-vous à travers ce projet? Quelles croyances, attentes, pensées et présence diffuse-t-il? Comment contribue-t-il à la conscience collective?
- Comment votre projet — ou vision — contribue-t-il aux générations à venir?
- Quel héritage énergétique créez-vous à travers votre mode de vie? Comment contribuez-vous à l'élévation de la conscience humaine?

La huitième maison vous exhorte à considérer votre passé. Elle vous invite à considérer votre héritage familial et vos traditions culturelles et à vous demander : « Qu'est-ce que je me sens appelé à perpétuer? » Peut-être ressentez-vous un profond désir de respecter et de maintenir certaines traditions, croyances, pratiques ou valeurs. Peut-être ressentez-vous une forte allégeance à certains aspects de votre héritage ainsi qu'un désir de les perpétuer. Vous estimez peut-être aussi que d'autres aspects de votre héritage ont fait leur temps, mais qu'on doit néanmoins s'en souvenir et les honorer pour l'importance qu'ils revêtaient à l'époque.

D'un autre côté, vous vous sentirez peut-être appelé à changer des aspects de votre héritage ou culture — certaines croyances, pratiques ou traditions qui entravent la croissance et le développement progressifs. À chaque génération incombe la responsabilité d'affranchir les générations futures des croyances et traditions contraignantes.

La huitième maison attire votre attention sur ces dernières pour que vous puissiez considérer en quoi votre projet contribue à un nouvel héritage.

Considérez les questions suivantes :

- Quelles traditions, croyances, pratiques ou valeurs vous sentez-vous appelé à perpétuer?
- Comment votre projet pourrait-il leur servir de véhicule?
- Quelles croyances, traditions ou valeurs vous sentez-vous appelé à changer pour que les générations futures naissent dans une conscience différente?
- Comment votre projet aide-t-il à faciliter ce nouvel héritage énergétique?

Si vous n'avez jamais considéré votre vie et vos objectifs dans cette perspective universelle, ces questions peuvent paraître excessives. Vous n'avez peut-être considéré votre projet ou vision que dans le contexte de votre vie personnelle ou de votre famille, communauté ou organisation. Votre projet actuel ne semble peut-être pas aussi important dans le grand ordre de l'Univers. Erreur. Peu importe la portée ou la magnitude de votre vision actuelle, elle n'en constitue pas moins un système énergétique qui répand ses vibrations à travers l'Univers. Son potentiel comporte une vibration énergétique, et en choisissant de faire équipe avec ce potentiel pour lui faire prendre forme, vous envoyez à l'Univers un puissant signal énergétique de tout ce que votre projet représente. Vous suscitez ce potentiel non seulement pour votre vie, mais pour le monde entier.

L'espace-temps linéaire et l'espace-temps simultané

Dans la septième maison, la métaphore de l'autoroute illustrait la façon dont vous pouvez facilement aller et venir entre l'espace-temps linéaire et l'espace-temps simultané. Cette même métaphore peut illuminer votre relation avec le passé et l'avenir. Les voies que vous et vos prédécesseurs avez choisi d'emprunter vous ont amené à cet instant dans le temps et l'espace. Différents choix dans le passé vous auraient conduit vers un présent différent. La voie que vous choisissez d'emprunter dans le présent détermine ce que sera votre avenir. Dans l'instant présent, le futur comporte de nombreuses possibilités. Quand vous choisissez une voie particulière, vous augmentez les chances que survienne un aboutissement ou futur particulier. Si vous changez de voie, vous favorisez un futur différent. Chaque choix que vous faites dans le présent détermine un aspect de votre avenir, que ce choix soit une croyance, une attitude, une décision ou une action.

Visitez à nouveau l'autoroute espace-temps simultané dans l'exercice suivant.

☞ Exercice 17 :

Voir la perspective globale

Établissez-vous dans votre Point de Quiétude, puis retournez à l'autoroute que vous avez transformée en frise chronologique. Flottez au-dessus de l'autoroute afin de pouvoir à nouveau voir ou percevoir le passé, le présent et le futur survenir simultanément. Repérez votre projet et la voie qui y conduisait dans le futur. Depuis cette perspective, considérez les questions suivantes :

- Où allez-vous dans la vie à la suite de ce projet? Où mène cette voie alors qu'elle continue au-delà de votre projet?
- Est-ce bien la voie que vous désirez emprunter? Vous conduit-elle à la prochaine destination que vous avez choisie pour votre vie, votre famille, votre communauté et le monde?
- La voie que vous suivez conduit-elle à un futur qui servira les générations à venir?
- Et si tous vos choix et décisions étaient pris en fonction d'une communauté entière? Et si vous considériez chaque décision comme si ce choix était effectué en fonction d'une nation ou d'une multinationale? Votre choix serait-il le même? Le but de votre projet serait-il le même s'il faisait partie d'une initiative nationale ou mondiale?

Après avoir considéré ces questions, reprenez conscience de l'instant présent en ramenant avec vous la sagesse acquise de l'autoroute transformée en frise chronologique. Quelle nouvelle perspective de votre projet, de son processus de manifestation et de l'importance de sa manifestation totale possédez-vous maintenant?

De toute évidence, la plupart de nos projets individuels ne se jouent pas sur la scène nationale ou mondiale. Même s'ils n'ont pas d'impact direct sur plusieurs personnes, en quoi consiste toutefois leur héritage énergétique? Peu importe la portée ou la magnitude du projet, son énergie est néanmoins diffusée à la conscience collective et elle procure une fréquence vibratoire spécifique à cette conscience.

À travers ces considérations, la huitième maison vous appelle à assumer pleinement votre responsabilité en tant que cocréateur de notre présent et de notre futur collectifs. Toutes vos pensées, vos paroles et vos actions font partie intégrante de ce processus créatif. Elles déterminent votre présent et votre futur — non seulement pour vous individuellement, mais pour l'entière famille mondiale.

Tout en quittant cette dernière maison de la Roue de la Manifestation, considérez les questions suivantes :

- Votre projet est-il viable? Pouvez-vous l'entretenir et peut-il vous entretenir — sur les plans émotionnel, mental et spirituel?
- À quel degré êtes-vous conscient de l'impact qu'auront vos pensées, vos intentions, vos croyances, vos paroles et vos actions sur les générations futures? En quoi faites-vous votre part pour créer un avenir positif pour tous ceux et celles qui viendront après vous, et non seulement pour vos descendants directs?
- Retour sur la maison n°1 : Quand vous considérez votre projet dans le contexte de l'héritage, le voyez-vous différemment? Faudrait-il en changer quelque élément?
- Retour sur la maison n°2 : Le fait de considérer l'héritage a-t-il compromis de quelque façon votre sentiment de paix intérieure? Dans l'affirmative, que faudrait-il changer?

- Retour sur la maison n°3 : Dans le contexte de l'héritage, avez-vous plus d'enthousiasme et de motivation pour votre projet ou moins? Si la réponse est moins, que faudrait-il changer?
- Retour sur la maison n°4 : Quel impact le fait de considérer votre projet dans le contexte de l'héritage a-t-il eu sur vos pensées concernant le futur? Faudrait-il changer quelque chose à votre projet?
- Retour sur la maison n°5 : Grâce à votre travail dans cette maison, continuez-vous à voir comment votre vision nourrira et valorisera votre vie et celle d'autrui, maintenant comme dans le futur?
- Retour sur la maison n°6 : Alors que vous continuez d'élargir votre prise de conscience, votre plan d'action a-t-il besoin d'être ajusté? Dans l'affirmative, quels ajustements seraient requis?
- Retour sur la maison n°7 : Quoi d'autre avez-vous découvert sur la façon de vivre intuitivement maintenant que votre travail dans la huitième maison est terminé? Quoi d'autre avez-vous compris sur le fait d'être à la tête du processus de la manifestation et de danser avec tous vos partenaires cocréateurs, dont la Conscience et le potentiel?

Félicitations! Vous avez réussi à faire le tour de la Roue de la Manifestation. Votre projet ou vision devrait être bien parti pour la manifestation totale. C'est peut-être déjà chose faite. La huitième maison vous renvoie à la première maison, où vous considérez à nouveau où vous en êtes, quelles sont vos intentions désormais pour ensuite amorcer votre prochain projet ou la phase suivante de votre projet actuel. Si vous travaillez sur une nouvelle phase du même projet, vos voyages ultérieurs autour de la Roue se feront beaucoup plus vite. Vous avez désormais accompli le plus gros du travail. Il ne vous reste plus maintenant qu'à le peaufiner pour que les énergies restent alignées et continuent de circuler. Si vous placez un nouveau projet sur la Roue, il en fera vraisemblablement lui aussi le tour de façon plus rapide. Alors qu'avec chaque projet consécutif vous alignez toujours plus tous les éléments de votre vie, la manifestation n'en devient que plus facile.

Chapitre 11

LA ROUE DE LA MANIFESTATION DANS VOTRE VIE PERSONNELLE

C'est lorsqu'on dépasse ses limites qu'on découvre
la couche suivante du potentiel, qu'on se perçoit
et qu'on perçoit
différemment notre relation avec le monde et qu'on trouve
un nouveau sens au concept de possibilité.

Maintenant que vous connaissez l'essence de chaque maison de la Roue de la Manifestation, laissez votre intuition vous guider alors que vous en faites le tour avec vos projets. Les questions ci-dessous peuvent vous soutenir dans le processus et vous aider à vous concentrer sur l'essence de chaque maison. Toutefois, ne vous sentez pas limité par ces questions. Vous constaterez peut-être aussi qu'il n'est pas nécessaire de répondre à chacune d'elles. Laissez votre intuition vous guider vers celles qui ont un rapport avec votre projet spécifique. Lorsque vous vous familiariserez avec la Roue, l'énergie de chaque maison vous servira peut-être plus puissamment que les questions spécifiques présentées ici. La Roue est un outil aussi énergétique que dynamique. Puisez dans son essence. Laissez le processus même de la manifestation, le potentiel qui attend d'émerger à travers votre projet et la Grande Conscience devenir vos partenaires cocréatifs.

Maison nº 1 : Intention

- Quel est le projet, le but, le désir ou la vision que vous placez sur la Roue?
- Quel est le potentiel optimal pour ce projet ou cette vision? Qu'est-ce qui voudrait se produire?
- Quelles sont les caractéristiques de la personne qui manifesterait pleinement ce potentiel?

Créez votre déclaration d'intention en fournissant l'information suivante :

Projet/Vision/But :

Potentiel :

Engagement :

Maison nº 2 : Paix

- Quel est votre pressentiment quand vous pensez à votre projet ou vision de la manifestation? Êtes-vous en paix avec celui-ci ou celle-ci?
- Êtes-vous prêt à accepter la pleine manifestation de votre vision? En quoi votre vie sera-t-elle différente? Quelle impression cela vous fait-il?
- Poursuivez-vous quelque partie du projet parce que vous pensez qu'il le « faut » ou parce que quelqu'un pense que vous devez le faire? Dans l'affirmative, est-ce vraiment ce qui voudrait se produire?
- Quels rêves ou aspirations non réalisés — si tant est qu'il y en ait — devez-vous laisser partir ou réconcilier afin d'être libéré du passé et d'aller de l'avant dans ce projet?
- Y aurait-il quelque projet secret qui se rattache à celui-ci?
- Quelle est votre relation avec le monde qui vous entoure? Existe-t-il des conflits qui devront êtrerésolus? Si oui, comment pouvez-vous les résoudre?

- Retour sur la maison n° 1 : Après votre travail dans la deuxième maison, quelles révisions — si tant est qu'il y en ait — s'imposent à votre intention et à vos engagements de la première maison? La façon dont vous voyez le potentiel de votre projet est-elle différente ?

Maison n° 3 : Énergie

- Que serez-vous, que ferez-vous ou qu'aurez-vous qui sera différent une fois que vous aurez manifesté votre vision?
- Pourquoi désirez-vous cela? Pourquoi est-ce important à vos yeux?
- Sur une échelle de un à dix, dix étant le plus haut score, quel est votre degré de passion et d'enthousiasme pour ce projet?
- Que devez-vous délaisser, même temporairement, pour manifester votre vision — des activités, des biens matériels, des habitudes, relations, responsabilités, pensées ou croyances? Êtes-vous prêt à le faire?
- Qu'êtes-vous prêt à risquer pour manifester cette vision? Quel degré de risque serait acceptable? Quel degré serait excessif?
- Que risquez-vous en *ne* manifestant *pas* votre vision?
- Êtes-vous prêt à investir temps et argent dans ce projet de manifestation? Si oui, combien?
- Que doit-il se produire pour créer un sentiment d'impulsion et de convergence d'énergies pour cette vision?
- Quelle impression vous fait votre champ de réalité actuel? Sert-il pleinement la manifestation de votre projet? Sinon, quel nouveau champ de réalité allez-vous créer?
- Retour sur la maison n° 1 : Votre travail dans la troisième maison renforce-t-il votre intention et vos engagements ou vous fait-il les remettre en question? Faut-il changer quelque chose dans votre intention et vos engagements?

- Retour sur la maison n° 2 : Votre travail dans la troisième maison compromet-il de quelque façon votre sentiment de quiétude quant à la manifestation de votre vision? Si oui, que faudrait-il changer?

Maison nº 4: Inspiration

Prenez le temps de vous souvenir du futur — soit lorsque votre projet sera terminé ou votre vision manifestée. Considérez ensuite les questions suivantes :

- Ayant visité le futur, que savez-vous de plus au sujet de votre projet, de son potentiel et de ses possibilités, du parcours qu'il vous reste encore à couvrir?
- Quels modes de pensée, d'habitudes ou de croyances — si tant est qu'il y en ait — doivent changer pour faciliter au mieux la manifestation de votre vision? Comment pouvez-vous opérer ces changements?
- Quel est votre degré de patience quant à ce projet? Avez-vous atteint un équilibre entre être assez patient et remettre à plus tard le moment d'aller de l'avant?
- Retour sur la maison n° 1 : Après avoir visité le futur, en quoi votre compréhension de votre projet ou vision a-t-elle changé? Quelles révisions — si tant est qu'il y en ait — s'imposent quant à votre intention ou vos engagements?
- Retour sur la maison n° 2 : Après avoir visité le futur, votre sentiment de quiétude est-il compromis de quelque façon? Dans l'affirmative, que faudrait-il changer?
- Retour sur la maison n° 3 : Le fait d'aller dans le futur a-t-il engendré plus d'enthousiasme et de motivation pour votre projet ou moins ? Si la réponse est moins, que faudrait-il changer?

Maison n° 5 : Renforcement

- Quel message reçoivent les gens sur vous et votre projet alors que vous manifestez cette vision? Est-ce le message que vous voulez qu'ils reçoivent?
- Comment la manifestation de votre vision vous sert-elle directement? Quels en sont les cadeaux?
- Comment la manifestation de votre vision sert-elle les autres? Quels en sont les cadeaux pour eux?
- Alors que vous considérez votre rôle dans ce processus de manifestation, est-ce un rôle que vous voulez jouer? Est-ce ainsi que vous voulez que les autres vous voient?
- Le fait de jouer ce rôle enrichit-il votre vie ou vous en coûte-t-il de quelque façon?
- Le fait que vous jouiez ce rôle aide-t-il les autres à être tout ce qu'il leur est possible d'être?
- Comment votre projet vous exhorte-t-il à être tout ce qu'il vous est possible d'être? Comment vous défie-t-il de grandir de façon aussi positive que constructive?
- En quoi votre projet exhorte-t-il tous les participants à être tout ce qu'il leur est possible d'être? En quoi les défie-t-il de grandir de façon aussi positive que constructive?
- Aimez-vous la personne que vous devenez en poursuivant ce projet?
- Alors que vous regardez les autres personnes qui participent à votre projet, aimez-vous ce qu'elles deviennent à travers celui-ci?
- Votre projet manipule-t-il de quelque façon qui que ce soit, vous compris, pour que cette personne soit quelqu'un qu'elle n'est pas?
- Est-ce qu'un élément quelconque de ce projet ou de son processus pourrait nuire à quelqu'un?

- Quels talents ou caractéristiques de leader devez-vous développer ou raffiner pour accomplir votre objectif?
- Retour sur la maison n°1 : En quoi votre travail dans cette maison vous aide-t-il à voir votre vision et à vous engager envers elle de façon plus claire?
- Retour sur la maison n°2 : Après votre travail dans cette maison, votre sentiment de quiétude quant à la manifestation de votre vision a-t-il été compromis de quelque façon? Dans l'affirmative, que faudrait-il changer?
- Retour sur la maison n° 3 : Après votre travail dans cette maison, ressentez-vous plus d'enthousiasme et de motivation pour l'accomplissement de votre vision ou moins? Si la réponse est moins, que faudrait-il changer?
- Retour sur la maison n° 4 : Après votre travail dans cette maison, voyez-vous le futur différemment? Dans l'affirmative, comment cela vous guide-t-il? Faut-il changer quelque chose?

Maison n° 6 : Action

Suivez le processus de l'exercice 15 pour créer un plan d'action. Effectuez ensuite un retour sur les maisons précédentes :

- Retour sur la maison n° 1 : Après que vous avez créé un plan d'action, y a-t-il eu quelque changement dans votre compréhension de votre vision ou projet? Faudrait-il changer quelque élément de votre intention ou de votre engagement?
- Retour sur la maison n° 2 : Votre plan d'action compromet-il de quelque façon votre sentiment de paix intérieure? Dans l'affirmative, que faudrait-il changer?
- Retour sur la maison n° 3 : Votre plan d'action crée-t-il plus d'enthousiasme et de motivation pour votre projet ou moins? Si la réponse est moins, que faudrait-il changer?

- Retour sur la maison n° 4 : Votre plan d'action est-il en harmonie avec ce que vous avez vu du futur? Dans la négative, que faudrait-il changer?
- Retour sur la maison n° 5 : En quoi l'exécution de votre plan d'action continue-t-il de nourrir, d'investir du pouvoir et de valoriser votre vie et celle d'autrui?

Maison n° 7 : Lâcher-prise

- Comment votre projet ou vision s'inscrit-il dans le contexte élargi de votre vie? Comment se rapporte-t-il à votre voyage en cours?
- Comment votre projet ou vision se rapporte-t-il à votre mission spirituelle ou but dans la vie?
- À quoi devez-vous vous abandonner pour réaliser plus entièrement votre potentiel optimal?
- Quand vous accédez à « ce qui voudrait se produire » pour le plus grand bien, comment votre projet s'inscrit-il dans ce contexte? À quel potentiel universel vous demande-t-on de vous abandonner?
- Trouvez-vous régulièrement le temps et la place pour la méditation, l'introspection et la réflexion? Conversez-vous de façon continue et intuitive avec votre âme, avec la Conscience et le potentiel de votre projet? Dans l'affirmative, comment cela se passe-t-il? Dans la négative, que faut-il pour que vous vous y mettiez?
- Abandonnez-vous votre vision aux forces invisibles pour qu'il y ait synergie et synchronicité? Dans l'affirmative, qu'est-ce que vous expérimentez? Dans la négative, qu'est-ce qui vous aiderait à vous abandonner entièrement? Que faudrait-il pour que cela arrive?
- Retour sur la maison n° 1 : Y a-t-il eu quelque changement dans votre intention et dans vos engagements personnels à cause de l'abandon de votre projet et de son impulsion ainsi qu'à celui du potentiel universel de ce moment?

- Retour sur la maison n° 2 : Votre travail dans la septième maison a-t-il compromis de quelque façon votre sentiment de paix intérieure? Dans l'affirmative, que faudrait-il changer?
- Retour sur la maison n° 3 : Après votre travail dans la septième maison, avez-vous plus d'enthousiasme et de motivation pour votre projet ou moins? Si la réponse est moins, que faudrait-il changer?
- Retour sur la maison n° 4 : Quel impact votre travail dans cette maison a-t-il eu sur votre vision du futur? Faudrait-il changer quelque chose?
- Retour sur la maison n° 5 : Grâce à votre travail dans cette maison, continuez-vous à voir comment votre projet nourrira et valorisera votre vie et celle d'autrui?
- Retour sur la maison n° 6 : Alors que vous vous abandonnez à des niveaux plus profonds et supérieurs, quels ajustements — si tant est qu'il y en ait — faudrait-il apporter à votre plan d'action?

Maison n° 8 : Héritage

- Quel héritage énergétique créez-vous à travers votre projet? Quelles croyances, attentes, pensées et présence diffusez-vous? Comment contribuez-vous à la conscience collective?
- Comment votre projet — ou vision — contribue-t-il aux générations à venir?
- Comment votre projet — ou vision — pourrait-il servir de véhicule aux traditions, croyances, pratiques ou valeurs que vous vous sentez appelé à perpétuer?
- Comment votre projet — ou vision — aide-t-il à changer les croyances, traditions ou valeurs contraignantes de votre héritage et à favoriser un nouvel héritage énergétique?
- Où allez-vous à la suite de ce projet?

- En quoi changeriez-vous vos choix et vos décisions quant à ce projet s'ils avaient un impact sur une communauté entière, une nation ou une multinationale? Vos choix seraient-ils les mêmes? Le but de votre projet serait-il le même s'il faisait partie d'une initiative nationale ou mondiale?
- Retour sur la maison n° 1 : Quand vous considérez votre projet dans le contexte de l'héritage, le voyez-vous différemment? Faudrait-il en changer quelque élément pour créer l'héritage que vous désirez?
- Retour sur la maison n° 2 : Le fait de considérer l'héritage a-t-il compromis de quelque façon votre sentiment de paix intérieure? Dans l'affirmative, que faudrait-il changer?
- Retour sur la maison n° 3 : Dans le contexte de l'héritage, avez-vous plus d'enthousiasme et de motivation pour votre projet ou moins? Si la réponse est moins, que faudrait-il changer?
- Retour sur la maison n° 4 : Quel impact le fait de considérer votre projet du point de vue de l'héritage a-t-il eu sur vos pensées concernant le futur? Faudrait-il changer quelque chose à votre projet ou votre vie?
- Retour sur la maison n° 5 : Grâce à votre travail dans cette maison, continuez-vous à voir comment votre vision nourrira et valorisera votre vie et celle d'autrui, maintenant comme dans le futur?
- Retour sur la maison n° 6 : Alors que vous continuez d'élargir le champ de votre conscience, votre plan d'action requiert-il certains ajustements?
- Retour sur la maison n° 7 : Que vous a appris votre travail dans la huitième maison sur la façon de vivre intuitivement? Quoi d'autre avez-vous appris sur le fait d'être à la tête du processus de la manifestation et de danser avec tous vos partenaires co-créateurs, dont la Conscience et le potentiel?

Chapitre 12

LA ROUE DE LA MANIFESTATION DANS VOTRE ENTREPRISE OU ORGANISATION

Dans une vue d'ensemble, les structures commerciales et organisationnelles sont là pour servir l'évolution constante de la société et de la culture.
Les concepts de la manifestation ouvrent la voie à de nouveaux niveaux d'engagement dans le commerce et la communauté ainsi qu'à un futur que nous commençons à peine à imaginer.

La Roue de la Manifestation est un puissant outil de planification stratégique, de développement et de gestion de projet, sans oublier la visualisation et la création d'un esprit d'équipe au sein des structures commerciales et organisationnelles. Maintenant que vous comprenez l'essence de chaque maison, concentrez-vous sur cette essence et laissez votre intuition vous guider alors que vous reconnaissez les questions et les concepts qu'il vous faut aborder pour votre projet particulier. Consultez les exercices et les processus de chaque maison et adaptez-les aux besoins de votre équipe, groupe ou organisation.

Maison nº 1 : Intention

La première maison vous appelle, vous et votre équipe, à clarifier la mission et le potentiel principaux de votre projet, puis à vous engager dans cette mission et dans ce potentiel ainsi que dans le processus de la manifestation. Cette maison vous appelle à changer et à grandir, à dépasser votre zone de confort de développement personnel et professionnel. Ici, vous vous engagez à affronter vos peurs, à réévaluer croyances et comportements et à laisser tomber toute hypothèse. Les mesures qui s'imposent dans cette maison sont :

- Clarifier la mission et le potentiel de votre projet.
- Clarifier l'intention de votre vision et la façon dont elle se rapporte à la mission et au potentiel de votre équipe ou organisation.
- Vous engager et accepter votre responsabilité dans le processus de la manifestation.
- Discipliner vos pensées et effectuer les changements radicaux qui permettront à votre projet de se manifester.

Au cours de votre travail dans la première maison, posez ces questions clés à votre groupe ou équipe :

- Quel est le projet ou la vision que nous plaçons sur la Roue?
- Quels sont la mission et le potentiel principaux de notre projet? Qu'est-ce qui voudrait se produire?
- Avons-nous entièrement revendiqué cette mission et sommes-nous engagés à vivre et à travailler en conséquence au quotidien? Dans la négative, comment passer à cette étape?
- Quelles sont les caractéristiques de l'organisation et de ses membres qui manifesteraient pleinement ce potentiel?
- Qui nous engageons-nous à être en tant qu'organisation et individus à travers ce processus de manifestation?
- Sommes-nous prêts à prendre l'entière responsabilité de notre rôle, individuellement et collectivement, dans le processus cocréatif de manifestation de cette vision?

Créez votre déclaration d'intention en fournissant l'information suivante :

Projet/Vision/But :

Potentiel :

Engagement :

Maison n° 2 : Paix

Dans la première maison, vous établissez clairement votre intention. Dans la deuxième, vous vous réconciliez avec l'intention, votre projet et son ultime aboutissement. Les mesures qui s'imposent dans cette maison sont :

- Résoudre les conflits, affronter les peurs et dissoudre la résistance.
- Vous réconcilier avec votre intention, son potentiel et les aboutissements possibles.
- Laisser aller le passé.
- Garantir que votre projet est en harmonie avec les valeurs personnelles et organisationnelles.

Au fil de votre travail dans la deuxième maison, posez ces questions clés à votre groupe ou équipe :

- Quel est notre pressentiment quand nous considérons ou pensons à notre projet? Le projet est-il en parfaite harmonie avec la mission et le potentiel de l'équipe? De la compagnie ou l'organisation? Sommes-nous en paix avec ce projet?
- Poursuivons-nous quelque partie de notre projet parce que nous ou autrui pensons que nous « devons » le faire? Si c'est le cas, est-ce vraiment ce qui voudrait se produire?
- Y aurait-il des aspirations ou rêves professionnels ou organisationnels non réalisés que nous devrons laisser aller ou réconcilier afin d'aller de l'avant avec ce projet?

- Parmi les membres de l'équipe ou d'une autre partie de l'organisation, y aurait-il quelque projet secret qui aurait de l'impact sur notre projet communautaire?
- Quelle est la relation de l'organisation avec sa communauté et le monde? Existe-t-il des conflits qui doivent être résolus? Si c'est le cas, comment pouvons-nous les résoudre?
- Qu'est-ce qui doit changer pour que la paix intérieure devienne un mode de vie pour l'organisation? Quelle mesure pourrions-nous prendre aujourd'hui?
- Retour sur la maison n° 1 : Après notre travail dans la deuxième maison, quelles révisions — si tant est qu'il y en ait — s'imposeraient à notre intention et à nos engagements de la première maison? En quoi voyons-nous différemment le potentiel de notre projet?

Maison n° 3 : Énergie

Dans la troisième maison, vous suscitez passion et énergie autour de votre vision ou projet et vous êtes inspiré par son potentiel. À cette étape, vous amorcez vos recherches. Identifiant les compétences, les outils et les ressources requises pour la manifestation, vous commencez à les rassembler et à les développer. Finalement, vous créez un champ de réalité intentionnel pour votre projet. Les mesures qui s'imposent dans cette maison sont :

- Susciter passion et énergie pour votre projet.
- Orchestrer mesures et objectifs possibles.
- Identifier les ressources et alliances.
- Créer des champs de réalité.

Commencez en orchestrant votre projet.

☞ Exercice 18 :

Orchestrer un projet collectif

Allez vers votre Point de Quiétude. Si les membres de l'équipe ont appris à faire ceci par eux-mêmes, allouez quelques instants pour que chacun s'installe. Sinon, utilisez l'exercice 3 du chapitre 3 pour les guider dans ce processus.

Une fois que tous sont installés, demandez-leur d'imaginer le potentiel optimal de votre projet ou vision qui flotte au milieu du groupe ou à l'avant de la pièce. Amusez-vous tout en reconnaissant que chacun vivra une expérience différente. Certains le « verront », d'autres le « sentiront » et d'autres encore pourraient l'« entendre ». Donnez à chacun la chance d'exprimer ce qu'il perçoit. Évitez de juger ou de critiquer ce qui pourrait être dit ici par qui que ce soit. Tous doivent se sentir tout à fait libres de partager absolument tout quant à leurs perceptions, qu'il s'agisse simplement d'une couleur, d'une émotion ou d'un message aussi long que complexe.

Pressentez le degré d'énergie, de motivation et de passion que suscite ce projet. Énergie et motivation sont-elles de niveau élevé? La passion est-elle au rendez-vous? Si oui, orchestrez la meilleure façon d'exploiter cette énergie et cette passion. Sinon, orchestrez la meilleure façon de susciter énergie et motivation! Passion et motivation personnelle doivent être au rendez-vous chez tous les participants pour escorter le plus grand potentiel.

Cette partie de votre séance de *masterminding* peut durer quelques minutes ou un certain temps plus long si les idées commencent à fuser. Suivez simplement l'énergie tout en demeurant conscient de ce qui voudrait se produire ensuite et, le moment venu, passez à l'étape suivante.

Afin de faciliter votre séance de *masterminding,* posez des questions ouvertes. Désignez quelqu'un pour prendre des notes sur tout ce qui se passe. Acceptez toute idée, pensée ou inspiration. Ce n'est pas le temps ici d'analyser ou de se demander si une idée est bonne ou si elle marchera. Cela bloquerait l'énergie. Ce processus relève de l'inspiration et de l'intuition pures. Encouragez tous les participants à parler librement même s'ils ne comprennent pas tout à fait ce qu'ils disent. Voici quelques questions à prendre en considération :

- Quels objectifs pouvons-nous considérer comme des mesures visant la manifestation?
- Quelles ressources — temps, argent et expertise, entre autres — faut-il attirer?
- Quelles alliances pourraient s'avérer utiles?
- Y a-t-il place, temps et énergie dans cette organisation pour cette manifestation ou y aurait-il surcharge? S'il manque de place, comment pouvons-nous ménager plus d'espace, de temps et d'énergie pour accommoder ce projet?

Suivez l'énergie jusqu'à ce que vous sentiez que la séance de *masterminding* est terminée. Avant de quitter la séance, prenez un instant pour questionner les participants sur leur expérience. Voient-ils désormais le projet et sa manifestation d'un œil différent? Que savent-ils maintenant du projet qu'ils ignoraient avant? Et surtout, demandez à tous de noter comment ils ont fait ce qu'ils viennent tout juste de faire. Le travail intuitif est beaucoup plus simple qu'on le prétend souvent. Il y a de fortes chances qu'ils ont simplement cessé de se barrer le passage sur le plan intellectuel pour laisser les choses arriver. Comment le processus pourrait-il fonctionner davantage la prochaine fois?

Plusieurs des idées nées de cette séance feront partie du plan d'action que vous allez créer dans la sixième maison. Gardez les notes de cette séance dans un endroit sûr afin de pouvoir y revenir plus tard.

Au fil de votre travail dans la troisième maison, posez les questions suivantes à votre groupe ou équipe :

- En quoi notre organisation et ses membres seront-ils différents une fois que la vision se manifestera? En quoi nous sentirons-nous et agirons-nous différemment, et qu'aurons-nous alors que nous n'avons pas aujourd'hui?
- Pourquoi désirons-nous cela? Pourquoi est-ce important à nos yeux et à ceux de l'organisation?

- Sur une échelle de un à dix, dix étant le plus haut score, quel serait le degré de passion et d'enthousiasme pour ce projet au sein de notre groupe et de l'organisation entière?
- Que devons-nous délaisser ou sacrifier, même temporairement, pour manifester cette vision —activités, biens matériels, pratiques, engagements, habitudes, fréquentations, pensées, croyances?
- Sommes-nous prêts à le faire? Notre organisation peut-elle se permettre de renoncer à ces ancrages? Pouvons-nous nous permettre de n'en rien faire?
- Que risquons-nous en ne manifestant pas votre vision?
- Combien de temps et d'argent l'organisation est-elle prête à investir dans ce projet de la manifestation?
- Quels objectifs pouvons-nous considérer comme des mesures visant à la manifestation?
- Quelles ressources — temps, argent et expertise, entre autres — faudrait-il attirer?
- Quelles alliances pourraient s'avérer utiles?
- Que doit-il arriver pour créer un sentiment d'impulsion et de convergence d'énergie pour cette vision?
- Quelle impression notre champ de réalité actuel dégage-t-il? Sert-il pleinement la manifestation de ce projet? Dans la négative, quel nouveau champ de réalité allons-nous créer?
- Retour sur la maison n° 1 : Notre travail dans la troisième maison renforce-t-il notre intention et nos engagements ou nous fait-il les remettre en question? Faudrait-il changer quelque chose dans notre intention et nos engagements?
- Retour sur la maison n° 2 : Notre travail dans la troisième maison compromet-il de quelque façon notre sentiment de quiétude quant à la manifestation de notre vision? Dans l'affirmative, que faudrait-il changer?

Maison nº 4 : Inspiration

Dans la quatrième maison, vous passez du mode « créatif » au mode « réfléchi », laissant votre intuition vous donner une idée encore plus claire et élargie de ce qui pourrait être quand vous aurez terminé votre projet. Les mesures qui s'imposent dans cette maison sont :

- Puiser dans votre intuition et le champ quantique comme sources de guidance et d'inspiration pour l'achèvement du projet.
- Apprendre à vous souvenir du futur.

Commencez en empruntant l'Autoroute du Potentiel.

☞ Exercice 19 :

Prendre l'Autoroute du Potentiel avec un groupe

Il est préférable de faire cet exercice dans un espace ouvert, à l'intérieur ou à l'extérieur, où tous peuvent bouger librement. Laissez une personne faciliter l'exercice et guider le reste du groupe dans ce processus. Choisissez un endroit qui représente le présent dans votre organisation et demandez à chacun d'y rester debout. Avant de commencer, prenez quelques instants pour que tous renforcent le champ de réalité que vous avez créé et l'incarnation de votre projet comme celle de son potentiel optimal. Puis lisez lentement le texte qui suit afin de permettre aux membres de votre groupe d'expérimenter ce qu'il exprime.

Laissez aller toute idée ou toute attente préconçue quant à ce que vous devriez expérimenter ou découvrir. Fermez les yeux et imaginez notre groupe sur l'Autoroute du Potentiel, une autoroute magique dont les voies peuvent vous conduire n'importe où dans le temps et l'espace. Toute l'autoroute nous est réservée pour l'instant. Personne d'autre ne s'y trouve que nous et les personnes qui pourraient faire partie de notre futur. Nous pouvons ainsi prendre notre temps sans craindre d'entraver la circulation.

Nous pouvons circuler sur cette autoroute à bord du mode de transport de notre choix : une voiture sport, une limousine, un yacht ou un hors-bord, un vélo ou un jet privé. Nous pouvons aussi marcher ou même faire de l'auto-stop. Quel moyen de transport pensez-vous que notre groupe choisira? Amusez-vous et laissez votre intuition vous révéler le meilleur véhicule pour notre voyage.

Tandis que nous parcourons cette autoroute, les voies commencent à se séparer, chacune empruntant une direction différente. Vous verrez ou non des panneaux vous informant sur la destination de chaque voie. Soyez confiant que vous reconnaîtrez chaque aboutissement potentiel quand vous y arriverez. Choisissez une voie pour notre groupe, ouvrez les yeux et dirigez-vous vers un endroit que vous choisissez pour représenter votre premier aboutissement potentiel. Il y a de fortes chances que chacun se dirige vers un endroit différent. Pas de problème. Suivez simplement votre intuition. [Laissez-leur le temps de se déplacer.] Baignant dans l'énergie de cet aboutissement, considérez les questions suivantes :

- *Quel est cet aboutissement? Décrivez-le.*
- *Soyez à l'écoute de l'énergie de cette possibilité. Quelle impression cela vous fait-il?*
- *Qui devenons-nous ici en tant qu'organisation?*
- *Quels sont les bienfaits de cet aboutissement particulier?*
- *Quelle date sommes-nous maintenant que notre projet est terminé et que cet aboutissement est réalisé?*
- *Le cheminement jusqu'à cet aboutissement a-t-il été facile ou difficile?*
- *Y a-t-il un élément de cet aboutissement qui ne vous plaît guère?*
- *Sur une échelle de un à dix — dix étant le meilleur score —, comment évaluez-vous cet aboutissement?*

Ne reniant ni sentiment ni intuition, résistez à la tentation de chercher à comprendre ou à analyser les choses. Prenez-les comme elles viennent.

Ouvrez les yeux et revenez à votre point de départ. Maintenant, refermez-les et imaginez-vous sur l'Autoroute du Potentiel avec toutes ses voies parallèles. Choisissez-en une autre et suivez-

la alors qu'elle s'écarte des autres voies et qu'elle part vers son aboutissement spécifique. En cours de route, vous verrez peut-être ou non un panneau vous indiquant votre destination. Quand vous serez prêt, ouvrez les yeux et dirigez-vous vers un endroit différent que vous choisissez pour représenter cet aboutissement potentiel. Là encore, ne vous en faites pas si chacun se dirige vers un endroit différent. [Donnez-leur le temps de se déplacer. Ensuite, posez à nouveau chacune des questions citées plus haut.]

Répétez ce processus jusqu'à ce que le groupe ait visité plusieurs aboutissements potentiels, répondu aux questions et ressenti l'énergie de chaque aboutissement. Demandez ensuite à chacun de regagner leur point de départ et de considérer tous les aboutissements potentiels. Donnez à tous la chance de partager les aboutissements qu'ils ont découverts et ce qu'ils ont ressenti. Désignez quelqu'un pour prendre des notes sur les différents aboutissements présentés par les membres du groupe. Priez ensuite le groupe de choisir plusieurs aboutissements qui semblent les plus prometteurs ou dotés de l'énergie optimale. Vous voudrez peut-être ensuite leur demander de se tenir sur le site de ces aboutissements potentiels et de comparer ce qu'ils ressentent.

En tant que groupe, choisissez l'aboutissement sur lequel vous voulez vous concentrer en poursuivant le processus de la manifestation, puis regagnez l'endroit qui représente cet aboutissement. Respirez cet aboutissement que vous avez choisi. Ressentez-en l'énergie et incarnez-la. Quel champ de réalité est automatiquement créé quand vous incarnez cette énergie? Mémorisez-le. Retenez cette émotion.

Vous êtes désormais prêt à incarner le futur de votre aboutissement et à renforcer son champ de réalité. Demandez à tous de se lever tout en se réservant assez d'espace autour d'eux pour pouvoir avancer d'un pas. En lisant lentement, guidez-les grâce au texte suivant :

Fermez les yeux et prenez quelques instants pour vous établir dans votre Point de Quiétude. Imaginez devant vous la projection d'un point dans le futur où notre projet sera pleinement manifesté. Regardez ce film et ressentez-en l'énergie. Notez qui est là. Prenez note des sons que vous entendez. Comment décririez-vous notre groupe dans ce film? Comment vous décririez-vous là? Votre perception du futur vous laisse-t-elle une bonne impression? Est-ce ce que nous voulons dire en tant que groupe? Sinon, en quoi notre intention doit-elle changer? Qu'est-ce qui ferait qu'une bonne impression s'en dégage pour vous? Faites les ajustements nécessaires.

Quand ce que vous voyez et ressentez correspond à ce que vous désirez, entrez dans le film et commencez à le vivre. Incarnez-en l'énergie et la fréquence vibratoire. Vérifiez que tout vous fait une bonne impression, puis décrivez le champ de réalité. Est-il identique à celui que nous avons créé dans la troisième maison ou est-il différent? S'il est différent, lequel des deux champs servira le mieux la manifestation de notre vision?

Incarnant l'énergie de notre vision désormais pleinement manifestée, que savez-vous de ce que doit être la convergence de vos pensées et actions au cours des six prochains mois? Quelle doit être cette convergence pendant le prochain mois? La prochaine semaine? Le reste de la journée?

Prenez le temps nécessaire pour que tous puissent partager leurs découvertes et leurs pensées. Désignez un scribe pour tout écrire, car cela vous sera utile quand viendra le temps de créer votre plan d'action dans la sixième maison.

En guise de conclusion à votre travail dans la quatrième maison, posez ces questions clés à votre groupe ou équipe:

- Ayant visité le futur, que savons-vous de plus au sujet de notre projet, de son potentiel et de ses possibilités, sans oublier le parcours qu'il reste encore à couvrir?
- Quelles façons de penser, quelles habitudes ou croyances doivent changer au sein de notre équipe ou organisation pour favoriser la manifestation optimale de notre vision? Comment pouvons-nous opérer ces changements?
- Quel est notre niveau de patience quant à ce projet? Existe-t-il un bon équilibre entre être assez patient et hésiter à aller de l'avant?
- Quelles nouvelles responsabilités devons-nous maintenant accepter, en tant qu'individus et en tant qu'équipe, pour manifester ces possibilités accrues du futur?

- Retour sur la maison n° 1 : Ayant visité le futur, en quoi notre compréhension de notre projet ou vision a-t-elle changé? Notre intention ou nos engagements ont-ils besoin d'être revus?
- Retour sur la maison n° 2 : Ayant visité le futur, notre sentiment de quiétude est-il compromis de quelque façon? Dans l'affirmative, que faudrait-il changer?
- Retour sur la maison n° 3 : Le fait d'aller dans le futur a-t-il engendré plus d'enthousiasme et de motivation pour notre projet ou moins? Si la réponse est moins, que faudrait-il changer?

Maison n° 5 : Renforcement

Dans la cinquième maison, vous nourrissez vos relations et vous investissez autrui de leadership. Ici, vous considérez comment votre projet influera sur la vie de tous les participants ainsi que ceux et celles qu'il touchera consciemment ou inconsciemment. Vous considérez l'effet qu'il aura sur la compagnie et sur les entreprises, personnes et environnements qui en seront touchés. Dans cette maison, vous définissez le rôle que votre équipe et votre projet jouera dans la construction de la communauté et vous apprenez que toute chose fait partie d'un Grand Tout. Tout a un impact sur tout le reste. Les mesures qui s'imposent dans cette maison sont :

- Considérer l'impact de votre projet dans le contexte de la communauté.
- Susciter le meilleur chez tous les participants qui sont impliqués dans le projet.
- Évaluer et assumer le leadership requis pour ce projet.

Au fil de votre travail dans la cinquième maison, posez les questions clés suivantes à votre groupe ou équipe :

- Quel message reçoivent les gens à notre sujet et concernant ce projet alors qu'il se manifeste? Est-ce le message que nous voulons qu'ils reçoivent?
- Comment la manifestation de notre vision sert-elle directement cette organisation? Quels en sont les cadeaux?

- Comment sert-elle autrui?
- Considérant individuellement et collectivement notre rôle dans le processus de manifestation, est-ce le rôle que nous voulons jouer?
- En quoi notre projet exhorte-t-il tous les membres de l'équipe à être tout ce qu'ils pourraient être? En quoi les défie-t-il de grandir de façon aussi positive que constructive?
- En quoi notre projet exhorte-t-il tous les autres participants à être tout ce qu'ils pourraient être? En quoi les défie-t-il de grandir de façon aussi positive que constructive?
- Aimons-nous qui nous devenons en tant qu'individus et en tant qu'organisation alors que nous poursuivons ce projet?
- Aimons-nous qui deviennent les autres participants à travers ce processus?
- Notre projet manipule-t-il de quelque façon quelque personne ou quelque autre organisation pour qu'ils soient quelqu'un ou quelque chose qu'ils ne sont pas?
- Est-ce qu'un élément quelconque de notre projet ou de son processus pourrait nuire à quelqu'un ou à quelque autre groupe ou organisation?
- Quels talents ou caractéristiques de leaders devons-nous développer ou raffiner, en tant qu'individus ou en tant qu'organisation, pour accomplir notre objectif?
- Retour sur la maison n° 1 : En quoi notre travail dans cette maison nous aide-t-il à voir et à nous engager dans notre vision de façon plus claire?
- Retour sur la maison n° 2 : Après notre travail dans cette maison, notre sentiment de quiétude quant à la manifestation de notre vision a-t-il été compromis de quelque façon? Dans l'affirmative, que faudrait-il changer?

- Retour sur la maison n° 3 : Après notre travail dans cette maison, ressentons-nous plus d'enthousiasme et de motivation pour l'accomplissement de notre vision ou moins? Si la réponse est moins, que faudrait-il changer?
- Retour sur la maison n° 4 : Après notre travail dans cette maison, voyons-nous notre futur différemment? Dans l'affirmative, comment cela nous guide-t-il?

Maison n° 6 : Action

Dans la sixième maison, vous dressez un plan d'action détaillé en colligeant ce que vous savez, aussi intuitivement qu'intellectuellement, qui doit être fait et vous le faites effectivement. Les mesures qui s'imposent dans cette maison sont :

- Créer un plan d'action initial.
- Exécuter ce plan.

Suivez le processus de création d'un plan d'action qui constitue l'exercice 15 du chapitre huit. Tous les membres de votre groupe peuvent le faire ensemble. Désignez une première personne pour faciliter le processus et une deuxième pour servir de scribe. Après avoir terminé le relevé de votre plan d'action, effectuez un retour sur les maisons précédentes :

- Retour sur la maison n° 1 : Ayant créé un plan d'action, y a-t-il eu quelque changement dans notre compréhension de notre vision ou projet? Faudrait-il changer quelque élément de notre intention ou de notre engagement?
- Retour sur la maison n° 2 : Ce plan d'action compromet-il de quelque façon notre sentiment de paix intérieure? Dans l'affirmative, que faudrait-il changer?
- Retour sur la maison n° 3 : Ce plan d'action crée-t-il plus d'enthousiasme et de motivation pour notre projet ou moins? Si la réponse est moins, que faudrait-il changer?

- Retour sur la maison n° 4 : Notre plan d'action est-il en harmonie avec ce que nous avons vu du futur? Dans la négative, que faudrait-il changer?
- Retour sur la maison n° 5 : En quoi l'exécution de notre plan d'action nourrit-il, investit-il du pouvoir et valorise-t-il notre vie et celle d'autrui?

Maison n° 7 : Lâcher-prise

Dans la septième maison, vous lâchez prise, vous renoncez à tout contrôler et vous entrez dans une nouvelle phase du travail intuitif avec la Conscience et le potentiel du projet sur le plan de l'appui et de la guidance. Vivre intuitivement signifie soumettre votre esprit rationnel au mental intuitif supérieur et délaisser un processus limité à la « pensée » en faveur d'un autre qui engage tous vos sens internes et externes. Cela signifie connaître intuitivement la vie. Les mesures qui s'imposent dans cette maison sont :

- S'abandonner au processus de la manifestation.
- Travailler intuitivement.
- Avoir confiance que votre projet ira là où il se doit d'aller.
- Aspirer à la synergie et à la synchronicité comme mode naturel de réalité et de pratique commerciale et organisationnelle.
- Suivre l'énergie de votre projet au fur et à mesure qu'elle se manifeste.

Au fil de votre travail dans la septième maison, posez les questions clés suivantes à votre groupe ou équipe :

- Comment notre vision ou projet s'inscrit-il dans le contexte élargi de notre organisation et celui de sa croissance et son développement continuels?
- Comment notre vision ou projet se rapporte-t-il à la mission spirituelle ou raison d'être de notre organisation?

- En tant qu'équipe, à quoi devons-nous nous abandonner pour réaliser plus entièrement notre potentiel optimal?
- Quand nous accédons à « ce qui voudrait se produire » pour le plus grand bien, comment notre projet s'inscrit-il dans ce contexte? À quel potentiel universel nous demande-t-on de nous abandonner?
- En tant qu'équipe, comment nous engageons-nous dans une conversation intuitive incessante avec l'âme de notre organisation, la Conscience et le potentiel de notre projet?
- Soumettons-nous notre vision aux forces invisibles pour qu'il y ait synergie et synchronicité? Dans l'affirmative, qu'est-ce que nous expérimentons? Dans la négative, que nous faudrait-il faire pour nous abandonner entièrement? Que faudrait-il pour que cela arrive?
- Retour sur la maison n° 1 : Y a-t-il eu quelque changement dans notre intention et nos engagements à cause de l'abandon de notre projet et de son impulsion ainsi que celui de son potentiel universel de ce moment?
- Retour sur la maison n° 2 : Notre travail dans la septième maison a-t-il compromis de quelque façon notre sentiment de paix intérieure? Dans l'affirmative, que faudrait-il changer?
- Retour sur la maison n° 3 : Après notre travail dans la septième maison, avons-nous plus d'enthousiasme et de motivation pour notre projet ou moins ? Si la réponse est moins, que faudrait-il changer?
- Retour sur la maison n° 4 : Quel impact notre travail dans cette maison a-t-il eu sur notre vision du futur? Faudrait-il changer quelque chose?
- Retour sur la maison n° 5 : Grâce à notre travail dans cette maison, continuons-nous à voir comment notre projet nourrira et valorisera notre organisation et la plus grande communauté?

- Retour sur la maison n° 6 : Alors que nous nous abandonnons à des niveaux plus profonds et supérieurs, notre plan d'action a-t-il besoin d'être ajusté?

Maison n° 8 : Héritage

Dans la huitième et dernière maison, votre perspective de votre vision ou projet se développe en une perspective globale. Ici, vous considérez votre projet dans le contexte de l'héritage. Cette maison vous appelle à ressentir l'interrelation entre les gens et l'environnement et à gérer votre organisation ou à faire des affaires de telle façon qu'elles contribuent, respectent et maintiennent la vie pour toutes les générations à venir. Les mesures qui s'imposent dans cette maison sont :

- Considérer l'héritage créé par votre projet et votre organisation.
- Considérer la viabilité de votre projet pour votre organisation, pour ses membres et les générations futures.

Au fil de votre travail dans la huitième maison, posez les questions clés suivantes à votre groupe ou équipe :

- Notre projet est-il viable? Pouvons-nous le maintenir et peut-il nous maintenir — sur les plans physique, émotionnel, mental et spirituel?
- Quel héritage énergétique notre organisation crée-t-elle à travers ce projet? Quelles croyances, attentes, pensées et présence diffusons-nous? Comment contribuons-nous à la conscience collective?
- Comment notre projet — ou vision — contribue-t-il aux générations à venir?
- Quelles traditions, croyances, pratiques ou valeurs notre organisation se sent-elle appelée à perpétuer?
- Comment notre projet — ou vision — pourrait-il servir de véhicule à nos descendants?

- Quelles croyances, pratiques ou valeurs notre organisation se sent-elle appelée à changer pour que les générations futures naissent dans une conscience différente?
- Comment notre projet — ou vision — aide-t-il à favoriser ce nouvel héritage énergétique?
- A la suite de ce projet, où allons-nous en tant qu'organisation et membres d'une équipe ?
- En tant qu'organisation, à quel degré sommes-nous conscients de l'impact qu'auront, sur les générations futures, nos pensées, nos intentions, nos croyances, paroles et actions? En quoi faisons-nous notre part pour créer un avenir positif pour tous ceux et celles qui viendront après nous?
- Retour sur la maison nº 1 : Quand nous considérons notre projet dans le contexte de l'héritage, le voyons-nous différemment? Faudrait-il en changer quelque élément pour créer l'héritage que nous désirons?
- Retour sur la maison nº 2 : Le fait de considérer l'héritage a-t-il compromis de quelque façon notre sentiment de paix intérieure? Dans l'affirmative, que faudrait-il changer?
- Retour sur la maison nº 3 : Dans le contexte de l'héritage, avons-nous plus d'enthousiasme et de motivation pour notre projet ou moins? Si la réponse est moins, que faudrait-il changer?
- Retour sur la maison nº 4 : Quel impact le fait de considérer notre projet dans le contexte de l'héritage a-t-il eu sur nos pensées concernant le futur? Faudrait-il changer quelque chose à notre projet ou notre organisation?
- Retour sur la maison nº 5 : Grâce à notre travail dans cette maison, continuons-nous à voir comment notre vision nourrira et valorisera notre vie et celle d'autrui, maintenant comme dans le futur?
- Retour sur la maison nº 6 : Alors que nous continuons d'élargir notre prise de conscience, notre plan d'action a-t-il besoin d'être ajusté de quelque façon?

- Retour sur la maison n° 7 : Après notre travail dans la huitième maison, qu'avons-nous découvert sur la façon de vivre intuitivement? Qu'avons-nous compris de plus sur le fait d'être à la tête du processus de la manifestation et de danser avec tous nos partenaires cocréatifs, dont la Conscience et le potentiel?

CONCLUSION

LA MANIFESTATION COMME MODE DE VIE

Félicitations! Vous avez terminé le voyage autour de la Roue de la Manifestation. Vous avez appris à utiliser un outil très puissant qui peut vous servir dans tous les aspects de votre vie. Je vous encourage à entreprendre un autre voyage autour de la Roue dès que vous aurez terminé votre premier projet — soit la phase suivante de votre premier projet ou quelque chose d'entièrement nouveau. Faire immédiatement un second voyage autour de la Roue peut vous aider à intérioriser le processus de la manifestation.

En appliquant la Roue à divers rêves et projets dans votre vie, vous pourriez finir par travailler sur plusieurs projets à la fois sur différentes Roues. Quand vous avez un projet majeur de manifestation qui s'étend sur plusieurs semaines, mois ou années, il est bon de donner à chaque aspect ou élément du projet sa propre Roue. Ayez une Roue maîtresse pour le projet global et autant de roues secondaires qu'il est nécessaire pour les éléments individuels du projet. Ceci garantit que l'énergie demeure alignée à tous les niveaux du projet.

Au fur et à mesure que vous devenez plus habile avec la Roue de la Manifestation, vous en découvrirez intuitivement davantage au sujet de chaque maison. La Roue continuera de s'animer pour vous de diverses façons uniques. Cela fait partie de son pouvoir. En dernière analyse, les questions spécifiques que vous posez et les exercices que vous faites ne sont pas aussi importants que l'essence énergétique de chaque maison. Cette essence peut se manifester différemment pour chaque projet. Vous pouvez même amorcer votre travail dans chaque maison en demandant : « Quel est le potentiel optimal qui voudrait se produire pour mon projet dans cette maison? » Votre but consiste à travailler avec le potentiel optimal de votre projet ou vision et à puiser dans ce qui voudrait se produire dans chaque maison. Quand vous serez assez habile pour opérer la Roue à ce niveau d'intuition et de conscience, vous serez vraiment en bonne voie de maîtriser la manifestation.

Mais comme vous l'avez probablement réalisé, la Roue de la Manifestation ne se limite pas à l'accomplissement d'un objectif ou à la manifestation d'une vision. Il s'agit plutôt d'alignement sur la vie, de perspective supérieure et de vivre en harmonie avec le monde qui vous entoure et le monde dans son tout. La Roue vous permet d'acquérir une meilleure compréhension de votre rôle dans le monde — dans l'Univers et dans le fait de vivre au quotidien la raison d'être de votre âme. De plus, vous découvrirez dans votre projet ou votre vie un plus grand potentiel que celui que vous aviez imaginé.

Nous avons utilisé la Roue de la Manifestation en tant que modèle bidimensionnel. Maintenant que vous en connaissez les concepts et les principes, vous pouvez explorer sa forme tridimensionnelle : la spirale. Imaginez que la Roue est un escalier en spirale dont le mât central serait votre essence, votre âme et sa mission — votre raison d'être globale. Votre âme, sa mission et votre potentiel personnel forment le pivot autour duquel tourne la spirale.

Dans la Spirale de la Manifestation, vous entrez dans la Maison de l'Intention, au rez-de-chaussée, et dans chaque maison consécutive, vous montez d'une marche. Chaque marche consécutive de la spirale est plus large que la précédente, de sorte que l'extrémité extérieure de l'escalier forme un cercle sans cesse grandissant. Avec chaque maison et chaque marche de plus en plus haute et large, votre prise de conscience de votre projet ou vision et de qui vous êtes dans celui-ci et dans le monde s'élargit.

Pour développer cette métaphore, c'est comme si les huit maisons vous amenaient d'un niveau de conscience au suivant. Lorsque vous quittez la huitième maison pour revenir à la première, au lieu de recommencer au rez-de-chaussée, vous accédez au niveau suivant de conscience. Chaque fois que vous revenez à la première maison, vous vous élevez jusqu'à un nouveau niveau d'existence dans le monde.

Alors que vous vous élevez toujours plus sur la Spirale de la Manifestation, vous devenez en fait la spirale entière. Vous devenez conscient de tous les niveaux à la fois, vivant simultanément les principes et les concepts de toutes les maisons, vivant à chaque instant la manifestation, qui devient tout simplement votre mode de vie. Plus vous faites de voyages autour de la Spirale, plus cela devient une partie de vous et vice-versa. Votre instinct est d'aligner toutes les pensées, les intentions, les croyances, les choix, les décisions et les actions. Les huit maisons seront présentes à chaque pas que vous ferez. Chaque jour, vous en vivrez les principes depuis les créations les plus banales jusqu'aux plus grandioses de votre vie.

Votre objectif ultime dans votre travail avec la Roue de la Manifestation consiste à faire de votre vie un flot constant de manifestation du potentiel optimal à chaque instant, dans toute situation ou circonstance. Vous n'avez qu'à y penser pour que cela apparaisse — peut-être pas immédiatement, mais en temps voulu. La manifestation n'est que votre façon de vivre. C'est ce qui est normal. Aux yeux des autres, vous semblez être béni des dieux. Vous savez toutefois que vous êtes passé maître dans l'art et la technologie de la cocréation et que tout ce qui arrive, du moins dans le contexte du potentiel en voie de développement, est prévisible dans une certaine mesure.

Maîtriser la manifestation comme art de cocréation est un immense cadeau, un cadeau que vous vous faites de vivre en harmonie avec l'Univers et avec la Conscience de diverses façons extraordinaires; un cadeau que vous offrez au monde parce que vous vivez chaque jour dans cette incroyable harmonie. Vous modelez ainsi cette façon extraordinaire de vivre pour autrui, servant le monde à travers votre aptitude à manifester le bien pour tous.

Ce cadeau est accessible à tous. Il ne requiert que discipline, concentration et engagement. Les propos de Michel-Ange s'avèrent aussi appropriés ici qu'ils l'étaient au début de notre voyage autour de la Roue : « Le pire danger qui guette la plupart d'entre nous n'est pas le fait que nous visons trop haut et que nous manquons la cible, mais plutôt que nous visons trop bas et que nous atteignons la cible. » Prenez le temps de discipliner vos pensées, concentrez votre énergie et engagez-vous à maîtriser la manifestation. Laissez la Roue de la Manifestation vous élever vers des sommets dont vous n'osiez pas rêver. Vivez-en les principes et le potentiel et vous manifesterez de merveilleux cadeaux pour vous-même et pour le monde.

L'auteur

Alan Seale est un coach très recherché en leadership et transformation. Il a animé des ateliers et donné des exposés introductifs au Kripalu Center de Lenox, MA; à la conférence annuelle de l'International Coach Federation de St. Louis, MO; au South Bay Organizational Development Network de Silicon Valley, CA, et à d'autres événements du genre. Auteur de *Intuitive Living* et *Soul Mission*Life Vision,* il habite à Rochester, New York. Vous pouvez visiter son site Internet à *www.alanseale.com.*

Bibliographie

BRADEN, Gregg. *Awakening to Zero Point*. Bellevue, WA, Radio Bookstore Press, 1997.

The Isaiah Effect. New York, Three Rivers Press, 2000.

The Divine Matrix: Bridging Time, Space, Miracles and Belief, Carlsbad, CA, Hay House, 2007.

CAPRA, Fritjof. *The Tao of Physics*. Boston, Shambala, 2000.

CHILDRE, Doc et Howard Martin. *The HeartMath Solution,* San Francisco, HarperSanFrancisco, 1999.

FISICHELLA, Anthony J. *Metaphysics: The Science of Life*. St. Paul, MN, Llewellyn Publications, 1988.

HAWKINS, David R. *Power vs. Force: The Hidden Determinants of Human Behavior*. Carlsbad, CA, Hay House, 1995.

Institute of Noetic Sciences and Captured Light Industries. *What the Bleep Do We Know? Study Guide,* Publié en ligne en 2005 à *www.noetic.org/*.

JAROW, Rick. *Trouver sa passion,* Québec, Le Dauphin Blanc, 2004.

JAWORSKI, Joseph. *Synchronicity: The Inner Path of Leadership,* San Francisco, Berrett-Koehler Publishers, 1996.

LASZLO, Ervin. *Science and the Akashic Field*. Rochester, VT, Inner Traditions, 2004.

McTAGGERT, Lynne. *The Field: The Quest for the Secret Force of the Universe,* New York, Quill, 2003.

RAY, James A. *The Science of Success,* LaJolla, CA, SunArk Press, 1999.

SEALE, Alan. *Soul Mission*Life Vision,* Boston, Red Wheel, 2003.

Intuitive Living: A Sacred Path, Boston, Weiser Books, 2001.

SENGE, Peter et C. Otto Scharmer, Joseph Jaworski, Betty Sue Flowers. *Presence: Human Purposeand the Field of the Future,* Cambridge, MA, The Society for Organizational Learning, 2004.

Three Initiates. *The Kybalion: A Study of the Hermetic Philosophy of Ancient Egypt and Greece,* Chicago, The Yogi Publication Society, 1912.

WOLF, Fred Alan. *Taking the Quantum Leap,* New York, Harper & Row, 1981.

ZUKAV, Gary. *The Dancing Wu Li Masters,* New York, Perennial Classics, 2001.